0225

Direito Penal Genético
E A LEI DE BIOSSEGURANÇA
— Lei 11.105/2005 —

S729d   Souza, Paulo Vinicius Sporleder de
         Direito penal genético e a lei de biossegurança: Lei 11.105/2005: comentários sobre crimes envolvendo engenharia genética, clonagem, reprodução assistida, análise genômica e outras questões / Paulo Vinicius Sporleder de Souza. – Porto Alegre: Livraria do Advogado Ed., 2007.
         139 p.; 23 cm.
         ISBN 978-85-7348-502-8

         1. Biodireito: Aspectos jurídicos. 2. Biossegurança: Aspectos jurídicos. 3. Biogenética: Aspectos jurídicos. 4. Engenharia genética. 5. Reprodução humana. 6. Crime. 7. Produto transgênico. I. Título.

                              CDU – 343:575

         Índices para o catálogo sistemático:

Engenharia genética
Biodireito: Aspectos jurídicos
Biossegurança: Aspectos jurídicos
Biogenética: Aspectos jurídicos
Reprodução humana
Produto transgênico
Crime

(Bibliotecária responsável: Marta Roberto, CRB-10/652)

Paulo Vinicius Sporleder de Souza

Direito Penal Genético
E A LEI DE BIOSSEGURANÇA
— Lei 11.105/2005 —

Comentários sobre crimes envolvendo engenharia
genética, clonagem, reprodução assistida,
análise genômica e outras questões

livraria
DO ADVOGADO
editora

Porto Alegre, 2007

© Paulo Vinicius Sporleder de Souza, 2007

Capa, projeto gráfico e diagramação
Livraria do Advogado Editora

Revisão
Betina Denardin Szabo

Direitos desta edição reservados por
Livraria do Advogado Editora Ltda.
Rua Riachuelo, 1338
90010-273 Porto Alegre RS
Fone/fax: 0800-51-7522
editora@livrariadoadvogado.com.br
www.doadvogado.com.br

Impresso no Brasil / Printed in Brazil

Esta obra é dedicada à
Juliana Cigerza, minha esposa;
aos meus pais,
Paulo Olimpio Gomes de Souza e
Tania Sporleder de Souza;
e ao amigo
Alberto Silva Franco,
pelo privilégio do convívio e por
estarem sempre e incondicionalmente
contribuindo para o meu crescimento
pessoal e profissional.

Sumário

Palavras prévias 11
1. Crimes relativos à genética humana 15
    1.1. Art. 24 da Lei 11.105/2005 (utilização ilegal embriões humanos) 15
        1.1.1. Comentários gerais 15
        1.1.2. Comentários dogmáticos 21
            1.1.2.1. Tipo objetivo 21
            1.1.2.2. Tipo subjetivo 22
            1.1.2.3. Modalidade culposa 22
            1.1.2.4. Qualificadoras e causas de aumento de pena 22
            1.1.2.5. Pena e questões processuais 22
    1.2. Art. 25 da Lei 11.105/2005 (engenharia genética germinal) 23
        1.2.1. Comentários gerais 23
        1.2.2. Comentários dogmáticos 28
            1.2.2.1. Tipo objetivo 28
            1.2.2.2. Tipo subjetivo 29
            1.2.2.3. Modalidade culposa 29
            1.2.2.4. Qualificadoras e causas de aumento de pena 29
            1.2.2.5. Pena e questões processuais 29
    1.3. Art. 26 da Lei 11.105/2005 (clonagem humana) 30
        1.3.1. Comentários gerais 30
            1.3.1.1. Clonagem humana reprodutiva 30
            1.3.1.2. Clonagem humana não reprodutiva 31
        1.3.2. Comentários dogmáticos 35
            1.3.2.1. Tipo objetivo 35
            1.3.2.2. Tipo subjetivo 36
            1.3.2.3. Modalidade culposa 36
            1.3.2.4. Qualificadoras e causas de aumento de pena 36
            1.3.2.5. Pena e questões processuais 36
    1.4. Crimes decorrentes da reprodução assistida 36
        1.4.1. Reprodução assistida e direito à saúde 38
        1.4.2. Reprodução assistida e direito à procriação (ou direito à reprodução) 39
        1.4.3. Definição e técnicas de reprodução assistida (RA) 39
            1.4.3.1. RA Homóloga 40
            1.4.3.2. RA Heteróloga 40

1.4.3.3. RA Mista 41
1.4.3.4. RA Extraconjugal 41
1.4.3.5. Inseminação Artificial (IA) 42
1.4.3.6. Fertilização In Vitro (FIV) e
Transferência Embrionária (FIVETE) 42
1.4.3.7. Crioconservação (ou criopreservação) 44
1.4.3.8. Gestação ou maternidade substitutiva 46
1.4.4. Aspectos jurídico-penais 47
    1.4.4.1. Reprodução assistida sem consentimento 47
        1.4.4.1.1. Reprodução assistida sem consentimento
da mulher (receptora) 48
        1.4.4.1.2. Reprodução assistida sem consentimento do doador
e/ou depositante (mulher/homem/casal) 50
    1.4.4.2. Comercialização de gametas e embriões 51
    1.4.4.3. Maternidade substitutiva e comercialização do ventre 54
    1.4.4.4. Produção de embriões para a pesquisa 56
    1.4.4.5. Produção de seres híbridos e quimeras 58
    1.4.4.6. Ectogênese 59
    1.4.4.7. Reprodução assistida póstuma (*post mortem*) 61
    1.4.4.8. Destruição e lesão de embriões produzidos
por fertilização *in vitro* 62
        1.4.4.8.1. Destruição e lesão *in utero* 62
        1.4.4.8.2. Destruição e lesão *ex utero* 64
1.5. Crimes decorrentes da análise genômica 65
1.5.1. Diagnóstico genético não reprodutivo 66
1.5.2. Diagnóstico genético reprodutivo 70
1.5.3. Diagnóstico genético e seleção de sexo 72

2. Crimes relativos à genética não humana 77
2.1. Art. 27 da Lei 11.105/2005 (Liberação ou descarte irregular de OGM no
meio ambiente) 77
  2.1.1. Comentários gerais 77
    2.1.1.1. Liberação de OGM 77
    2.1.1.2. Descarte de OGM 80
  2.1.2. Comentários dogmáticos 81
    2.1.2.1. Tipo objetivo 81
    2.1.2.2. Tipo subjetivo 82
    2.1.2.3. Modalidade culposa 82
    2.1.2.4. Qualificadoras e causas de aumento de pena 82
    2.1.2.5. Pena e questões processuais 83
2.2. Art. 28 da Lei 11.105/2005 (tecnologias genéticas de restrição do uso) 83
  2.2.1. Comentários gerais 83
    2.2.1.1. Direito de propriedade industrial e patenteamento de OGMs 83
    2.2.1.2. Direito de obtenção vegetal e registro de vegetais
geneticamente modificados 88
    2.2.1.3. Licenciamento de patentes e de registros de OGMs 90
    2.2.1.4. Aspectos jurídico-penais 91
  2.2.2. Comentários dogmáticos 93

    2.2.2.1. Tipo objetivo 93
    2.2.2.2. Tipo subjetivo 93
    2.2.2.3. Modalidade culposa 93
    2.2.2.4. Qualificadoras e causas de aumento de pena 93
    2.2.2.5. Pena e questões processuais 94
 2.3. Art. 29 da Lei 11.105/2005 (produção, armazenamento, transporte, comercialização, importação ou exportação irregular de OGM ou seus derivados) .. 94
  2.3.1. Comentários gerais 94
    2.3.1.1. Comércio de OGMs (alimentos transgênicos) 94
    2.3.1.2. Importação e exportação de OGMs 98
    2.3.1.3. Transporte de OGMs 101
    2.3.1.4. Armazenamento de OGMs 102
    2.3.1.5. Produção de OGMs 103
    2.3.1.6. Produção, armazenamento, transporte, comercialização, importação, ou exportação de derivados de OGM 107
  2.3.2. Comentários dogmáticos 108
    2.3.2.1. Tipo objetivo 108
    2.3.2.2. Tipo subjetivo 109
    2.3.2.3. Modalidade culposa 109
    2.3.2.4. Qualificadoras e causas de aumento de pena 109
    2.3.2.5. Pena e questões processuais 109
 2.4. Art. 267 do Código Penal (epidemia) 110
  2.4.1. Comentários gerais 110
  2.4.2. Comentários dogmáticos 110
    2.4.2.1. Tipo objetivo 110
    2.4.2.2. Tipo subjetivo 111
    2.4.2.3. Modalidade culposa 112
    2.4.2.4. Qualificadoras e causas de aumento de pena 112
    2.4.2.5. Pena e questões processuais 112
 2.5. Biopirataria genética 112
 2.6. Produção de armas biológicas 115

3. Direito Penal genético e disciplinas afins 117
 3.1. Genética forense 117
  3.1.1. Ciências criminais, medicina legal e genética forense 117
  3.1.2. DNA *fingerprints* 119
  3.1.3. Testes de DNA 120
  3.1.4. PCR 121
  3.1.5. Genética forense e algumas questões jurídicas problemáticas 122
 3.2. Genética criminal 125
  3.2.1. Biologia criminal e genética criminal 127
  3.2.2. Genética criminal e culpabilidade 130

Bibliografia 133

Palavras prévias

Tem sido freqüente para o direito (penal) ultimamente a necessidade de enfrentar situações sociais novas derivadas dos descobrimentos científicos e tecnológicos das mais variadas áreas de conhecimento. Assunto de enorme importância a ser analisado neste milênio diz respeito ao estrondoso desenvolvimento da *biotecnologia*[1] genética e sua aplicação prática pelas ciências biomédicas,[2] pois o progresso alcançado pelas *genetecnologias*[3] faz com que nos confrontemos com relevantes questões éticas e jurídicas, já que se têm informações sobre os (bio-) riscos e possíveis abusos que delas podem decorrer, trazendo prejuízos tanto ao homem como ao meio ambiente.

Como disciplina integrante das ciências biomédicas, genética é a ciência que estuda a transmissão hereditária e seu objeto de investigação estende-se desde microorganismos, plantas, animais até ao homem.[4] A genética pode então ser dividida didaticamente em *genética humana* e *genética não humana*. Genética humana, entendida de forma ampla, engloba tanto as questões relativas ao *generare* – no significado de procriação (reprodução) –, como as referentes ao *genus* – no sentido de espécie e patrimônio, sua in-

---

[1] Biotecnologia é o ramo da tecnologia que, empregando os conhecimentos da microbiologia, da bioquímica e da genética, procura produzir utilidades na medicina, na agricultura, na pecuária, no meio ambiente e na indústria em geral (farmacêutica, cosmética, alimentícia, de matéria-prima, etc.). Sobre o conceito, vide NEWELL, in: Reich (Ed.), *Encyclopedia of Bioethics*, p. 283; KÜSTLER/PÜHLER, in: Korff/Beck/Mikat (Hrsg.), *Lexikon der Bioethik*, p. 390-391. Conforme a *Convenção sobre biodiversidade* (ONU, 1992), biotecnologia significa "toda aplicação tecnológica que utilize sistemas biológicos e organismos vivos ou seus derivados para a modificação de produtos ou processos para usos específicos" (art. 2). Já de acordo como o *Protocolo de Cartagena sobre Biossegurança* (2000), por "biotecnologia moderna" se entende: "a) a aplicação de técnicas *in vitro*, de ácidos nucléicos inclusive ácido desoxirribonucléico (ADN) recombinante e injeção direta de ácidos nucléicos em células ou organelas; ou b) a fusão de células de organismos que não pertencem à mesma família taxonômica, que superem as barreiras naturais da fisiologia da reprodução ou da recombinação e que não sejam técnicas utilizadas na reprodução e seleção tradicionais" (art. 3).

[2] Incluí-se aqui a medicina, a biologia, a genética, a bioquímica, a farmacologia, e outras ciências afins.

[3] Englobamos sob esta rubrica, entre outras, as técnicas (ou tecnologias) de reprodução assistida, engenharia genética, clonagem, análise genômica, de restrição do uso, etc. Utilizando também esta expressão, MANTOVANI, *RIDPP* (1986), p. 653.

[4] WINNACKER/IBELGAUFTS, in: Korff/Beck/Mikat (Hrsg.), *Lexikon der Bioethik*, p. 22.

vestigação e alteração.[5] Noutras palavras, genética humana é "a disciplina que examina os fundamentos e a diferença da hereditariedade humana, bem como os mecanismos da origem e transmissão desta diferença sobre as gerações".[6] Na genética humana aplicam-se, portanto, os métodos e procedimentos genetecnológicos sobre o homem.[7] Por outro lado, na genética não humana os animais, as plantas, os microorganismos e o meio ambiente como um todo são objeto de estudo e de aplicação das genetecnologias.

A intervenção penal no âmbito da genética – apesar de ainda ser discutível no plano político-criminal,[8] – já é uma realidade legislativa em muitos países,[9] inclusive no Brasil. A recente Lei 11.105/2006 – que revogou a Lei 8.974/1995 e regulamenta os incisos II, IV e V do § 1º do art. 225 da Constituição Federal – comprova isso tipificando condutas relativas à genética humana e não humana, além do que há vários projetos de lei tramitando no Congresso Nacional que dispõem sobre a temática em tela. Ademais, existe hoje uma considerável produção científica da doutrina especializada na área do "direito penal e genética".[10]

Por versar sobre um determinado objeto de perfil próprio (a genética e as genetecnologias), que apresenta peculiares características (que, aliás, ainda são pouco conhecidas por muitos penalistas) intitula-se esta obra como *direito penal genético* no intuito de melhor sistematizar a matéria e facilitar a sua compreensão dogmática. Esclareça-se, porém, que o *direito penal genético* não se trata de uma disciplina científica autônoma, mas apenas de um novo "setor", "espaço" ou "âmbito" de intervenção do direito penal, que no geral está submetido aos mesmos princípios e categorias jurí-

---

[5] Assim, ESER, *RPCC* (1992), p. 45. Aduz ESER que, se quisermos compreender dentro da genética humana tudo o que é relativo à herança humana no sentido biotecnológico, pertencerá ao conceito tanto a "*genetic counselling*" e a "*genetic screening*" quanto a "*genetic engineering*", abrindo-se então um vasto campo que inicia pelo diagnóstico pré-natal e pelas análises genômicas, perpassando pela reprodução humana assistida até chegar à manipulação genética. Cf. ESER, *Derecho penal, medicina y genética*, p. 199. Em sentido convergente, BENDA, *NJW* (1985), p. 1730.

[6] PROPPING, in: Korff/Beck/Mikat (Hrsg.), *Lexikon der Bioethik*, p. 246. Portanto, "a variabilidade genética é tema central da genética humana" (cf. id. .ibid, p. 35).

[7] GÜNTHER, *ZStW* (1990), p. 272.

[8] Por todos, HERZOG, *ZStW* (1993), p. 727 e ss; KELLER/GÜNTHER (Hrsg.), *Fortpflanzungsmedizin und Humangenetik – Strafrechtliche Schranken?*.

[9] Entre outros, podemos citar os seguintes países: Reino Unido, Alemanha, Espanha, França, Itália e Noruega.

[10] Especificamente sobre o tema "direito penal e genética" vale destacar os seguintes trabalhos: KELLER/GÜNTHER (Hrsg.), *Fortpflanzungsmedizin und Humangenetik – Strafrechtliche Schranken?*; GÜNTHER, *ZStW* (1990), p. 269 e ss.; HERZOG, *ZStW* (1993), p. 727 e ss.; STERNBERG-LIEBEN, *JuS* (1986), p. 673 e ss.; idem, *NStZ* (1988), p. 1 e ss.; ROMEO CASABONA (Ed.), *Genética y derecho penal*; ESER, *Derecho penal, medicina y genética*; FIGUEIREDO DIAS, *RBCCRIM* (2004), p. 62 e ss.; HIGUERA GUIMERÁ, *El derecho penal y la genética*; PERIS RIERA, *La regulación penal de la manipulación genética*; MARTINEZ, *Manipulación genética y derecho penal*; FRANCO, *Boletim do IBCCRIM* (1996), p. 4-5; idem, *Bioética* (1996), p. 17 e ss.; MALUF, *Manipulação genética e o direito penal*; HAMMERSCHMIDT, *Transgênicos e direito penal*; SPORLEDER DE SOUZA, *A criminalidade genética*; idem, *Bem jurídico-penal e engenharia genética humana*.

dico-penais atualmente consagrados.[11] Diante disso, pode-se definir *direito penal genético* como *a parte do direito penal que se ocupa da genética (humana e não humana) e visa ao estudo das implicações jurídico-penais decorrentes da aplicação das genetecnologias sobre o ser humano, sobre os demais seres vivos e sobre o meio ambiente.*

Trata-se de obra didática destinada tanto aos operadores (juízes, promotores e advogados) quanto aos estudiosos e acadêmicos de direito penal. Como foi dito mais acima, o presente livro busca sistematizar e analisar dogmaticamente – através de comentários – esta relevante e atual temática digna do século XXI tendo em vista acima de tudo a legislação penal brasileira. Para tanto, o trabalho está dividido em três capítulos: 1. crimes relativos à genética humana; 2. crimes relativos à genética não humana; e 3. direito penal genético e disciplinas afins. Com efeito, nos crimes relativos à genética humana (capítulo 1) discorre-se sobre os crimes decorrentes da utilização ilegal de embriões humanos, da engenharia genética (germinal), da clonagem e da análise genômica. Por sua vez, no capítulo 2 são abordados os seguintes crimes: liberação ou descarte irregular de OGM no meio ambiente; tecnologias de restrição do uso; produção, armazenamento, transporte, importação ou exportação irregular de OGM ou seus derivados; epidemia; biopirataria genética e produção de armas biológicas. Enfim, no último capitulo (capítulo 3) analisam-se as disciplinas afins do direito penal genético, quais sejam: a genética forense e a genética criminal.

[11.] Mais precisamente, o *direito penal genético* – assim como o *direito penal econômico* e o *direito penal ambiental* – é um setor do chamado direito penal secundário. Sobre o direito penal secundário, v. D'AVILA/SPORLEDER DE SOUZA (Coords.), *Direito penal secundário.*

1. Crimes relativos à genética humana

1.1. ART. 24 DA LEI 11.105/2005 (UTILIZAÇÃO ILEGAL DE EMBRIÕES HUMANOS)

Art. 24. Utilizar embrião humano em desacordo com o que dispõe o art. 5º desta Lei:
Pena – detenção, de 1 (um) a 3 (três) anos, e multa.

1.1.1. Comentários gerais

No contexto jurídico-penal que envolve as novas técnicas relacionadas com a genética humana, deve-se discutir as conseqüências e os efeitos resultantes dos procedimentos biomédicos adotados em relação ao embrião humano, que, hodiernamente, constitui um "material de trabalho" de acesso relativamente fácil aos cientistas para utilização em certas pesquisas, sejam quais forem os seus fins (terapêuticos ou não terapêuticos).

O embrião humano está suscetível a diversos tipos de intervenções biomédicas (investigações, experimentações e manipulações) que, apesar de muitas vezes reverterem em seu benefício, podem, todavia, seguir outro rumo, dando origem assim a novas indagações ao direito, em especial ao direito penal, pois essas biotécnicas abrem portas para que também ocorram ofensas a novos bens jurídicos individuais e supra-individuais dignos de proteção penal e/ou novas ofensas a bens jurídico-penais tradicionais.

Como se sabe, a tutela jurídico-penal (da vida) do nascituro intra-uterino (embrião ou feto) se dá através do crime de aborto, abrangendo desde a nidação (fixação do óvulo fecundado nas paredes uterinas)[12] até o início do processo de nascimento, quando começam os trabalhos de parto (*labores*

---

[12] A nidação geralmente ocorre no 14º dia posterior à fecundação (fusão do espermatozóide com o óvulo). O Código penal alemão positivou no § 219d o critério da nidação para efeitos de interrupção da gravidez. Entretanto, no Brasil, boa parte da doutrina adota o critério da fecundação (ou concepção) como marco do início da gravidez nos crimes de aborto (v., entre outros, BITENCOURT, *Tratado de direito penal* (vol.2), p. 158-159; JESUS, *Direito penal* (vol. 2), p. 122).

parturientium), seja ele normal ou artificial (*v.g.*, operação cesariana).[13] O nascimento (com vida) é o fenômeno que determina o começo da qualidade de pessoa e ao mesmo tempo o término do estágio fetal.[14] Se houver destruição da vida após o início do nascimento, incidirá o crime de homicídio ou infanticídio.

No entanto, embora possa ser qualificado como um "ser detentor de vida humana", o embrião produzido e mantido *ex utero* (*in vitro*) não se origina no organismo materno e/ou muitas vezes nele não é implantado, condições estas tradicionalmente consideradas indispensáveis para o reconhecimento da sua proteção pelo direito penal.

Com efeito, as reflexões e problemas que hoje são apontados se referem à insuficiência das legislações penais em proteger o embrião extra-uterino diante das experimentações da genética, particularmente se ele for utilizado com fins experimentais não terapêuticos, pois podem ocorrer intervenções científicas que não visem ao seu tratamento curativo ou à sua implantação no ventre feminino para finalidades procriativas, mas sim a interesses puramente científicos, comerciais ou industriais, p.ex., utilizando-se embriões para a fabricação de cosméticos, de materiais bélicos, e para servirem como "material biológico de reserva" destinado a terceiros,[15] a partir da extração de suas células, tecidos e órgãos. Aliás, este "material biológico de reserva" pode constituir-se em fonte de células-tronco, consideradas úteis na terapia celular e medicina regenerativa para o tratamento e cura de certas enfermidades degenerativas (mal de Parkinson, mal Alzheimer, câncer, etc.).

O vazio legislativo de medidas protetoras do nascituro extra-uterino diante de tais intervenções biomédicas torna-se preocupante na medida em que o ser humano pode ser rebaixado a mero objeto desvalioso, degradando-se por completo a sua condição humana como tal, atentando-se contra a sua dignidade. Neste sentido, concordamos com Eser que não podemos negar um "*status* moral" ao embrião *ex utero*, visto que o óvulo feminino fecundado com o sêmen de um homem trata-se de vida especificamente humana,[16] sendo oportuna neste sentido a introdução de normas penais para

---

[13] Cf. LÜTTGER, *Medicina y derecho penal*, p. 52 e ss.

[14] Cf. LÜTTGER, *idem*, p. 64.

[15] O PARLAMENTO EUROPEU sugere a proibição penal da manutenção da vida por métodos artificiais de embriões humanos com o fim de efetuar oportunamente extrações de tecidos ou órgãos (PARLAMENTO EUROPEU, *Resolução sobre os problemas éticos e jurídicos da manipulação genética*, de 16/03/89, n.36). Manifestando-se contrário a uma instrumentalização dos embriões ao serviço de outras vidas, OTERO, *Personalidade e identidade pessoal e genética do ser humano*, p. 52.

[16] ESER, *Direito penal, medicina y genética*, p. 265. ESER observa, com razão, que a experimentação com embriões só seria em tese admissível no caso de "experimentação terapêutica" (quando o resultado que se espera da experiência possa concorrer para o próprio bem do embrião) ou de "experimentação humana", quando o resultado puder beneficiar outros embriões, com a obtenção de novos conhecimentos científicos, mas desde que a morte do embrião seja absolutamente inevitável e "a sua degradação em objeto possa ser compensada pela prossecução de importantes objetivos médico-científicos, aos quais ainda falta dar uma definição suficientemente clara. Cf. ESER, *RPCC* (1992), p. 62-63. Neste sentido,

devidamente protegê-lo. Ademais, a maioria dos países prescinde de medidas especiais de proteção dos óvulos fecundados entre o momento da fecundação e a nidação (momento em que o embrião se implanta no útero)[17] e "como resultado disto, o pesquisador pode fazer o que quiser com os embriões produzidos extra-corporalmente que não serão implantados. Pode simplesmente deixá-los morrer ou eliminá-los, por exemplo, descartando-os ou utilizando-os para fins experimentais. A mesma liberdade aplica-se aos embriões que tenham sido extraídos da mulher antes que se complete a nidação", sendo que esta falta de regulamentação não é satisfatória.[18]

Em sentido convergente ao exposto são as posições do Conselho da Europa e do Parlamento Europeu.

Primeiramente, o Conselho da Europa, considerando que as conquistas recentes das ciências da vida e a medicina e, mais especialmente, da embriologia animal e humana abriram extraordinárias perspectivas científicas, diagnósticas e terapêuticas; considerando que, mediante a fecundação *in vitro*, o homem alcançou os meios para intervir na vida humana e controlá-la desde as primeiras etapas; considerando que desde a fecundação do óvulo a vida humana se desenvolve de maneira contínua e que não pode ser feita uma distinção clara durante as primeiras fases (embrionárias) de seu desenvolvimento e que, portanto, revela-se necessária uma definição da condição biológica do embrião; consciente de que dito progresso deixou numa situação especialmente precária a condição jurídica do embrião e do feto, e que seu estatuto jurídico na atualidade não se encontra definido na lei; consciente de que não existem disposições adequadas que regulem a utilização de embriões e fetos (vivos ou mortos); consciente de que, ante o progresso científico que permite intervir no desenvolvimento da vida humana desde

---

FRANCO, *Bioética* (1996), p. 19. Vale reproduzir, ainda, a interpretação da AIDP: "o fundamento e o alcance da proteção jurídica dos embriões humanos não implantados depende em grande medida da 'condição moral' que se lhes atribua. Ainda que não exista um consenso universal sobre esta questão de sua condição moral e que esteja se desenvolvendo um debate internacional a este respeito, existe unanimidade, em princípio, quaisquer que possam ser as possíveis restrições, de que a vida humana é digna de proteção desde o momento da união dos gametas, independentemente de se o embrião precoce deve ser considerado 'pessoa' ou um ser que possui seus próprios direitos fundamentais" (AIDP, *Resoluções do Colóquio de Direito penal e modernas técnicas biomédicas*, 1988, n. 5.2). Mais desenvolvidamente sobre o estatuto moral do embrião mas sob um enfoque constitucional, STARCK, *RDGH* (2001), p. 139 e ss.

[17] Não obstante, ao definir embrião como "o óvulo humano fecundado, suscetível de desenvolvimento a partir da fusão dos núcleos", a precavida legislação alemã de proteção aos embriões (EschG) evita qualquer tipo de interpretação neste sentido, estabelecendo uma importante e diferenciada valoração jurídica do nascituro nas primeiras fases de seu desenvolvimento embrionário. Assim, a proteção jurídico-penal nestes casos tem início efetivamente com a fecundação e não com a nidação como ocorre nos crimes de aborto. Além desta definição, a referida lei alemã entende também por embrião "qualquer célula totipotente extraída de um embrião que no caso de concorrência das condições necessárias seja suscetível de desenvolver-se até converter num indivíduo". Além disto, esclarece a lei que o óvulo será suscetível de desenvolvimento "nas primeiras vinte quatro horas após ocorrer a fusão dos núcleos". Vide EschG, § 8, (1), (2).

[18] AIDP, *Resoluções do Colóquio Direito penal e modernas técnicas biomédicas* (1988), n.5.1.

a fecundação, é urgente determinar o grau de sua proteção jurídica; considerando que o embrião e o feto humanos devem beneficiar-se em todo momento do respeito devido à dignidade humana;[19] o Conselho da Europa recomenda "limitar a utilização industrial de embriões e fetos humanos, assim como a de seus elementos e tecidos, para fins estritamente terapêuticos", sugerindo a proibição de toda a criação de embriões humanos com fins de investigação ou experimentação (sejam os embriões viáveis ou não), bem como a manutenção de embriões *in vitro* para além do décimo quarto dia após a fecundação, e a manutenção artificial de embriões ou fetos com o fim de obter elementos utilizáveis, com sua utilização (ou de seu material genético, células, tecidos e órgãos) para fins lucrativos e para a fabricação de armas biológicas.[20]

No mesmo diapasão também segue o Parlamento Europeu através de duas importantes resoluções tomadas no ano de 1989. Primeiramente, na *Resolução sobre a fecundação artificial in vivo e in vitro*, considerando que determinadas intervenções podem "ocasionar experimentos e manipulações perigosas no embrião humano" e "consciente da necessidade de proteger a vida humana desde o momento da fecundação", o Parlamento Europeu exige que se proíba "toda forma de investigação genética sobre embriões fora do organismo materno", sugerindo sanção legal (sem especificar a natureza) da experimentação com embriões.[21] Por outro lado, na outra resolução, o Parlamento Europeu "pede que se definam com caráter vinculante os possíveis campos de aplicação da investigação, do diagnóstico e das terapias, em especial pré-natais, de maneira que as intervenções sobre os embriões humanos vivos ou sobre fetos, assim como os experimentos sobre estes sejam justificados apenas se apresentarem uma utilidade direta (e que não possa ser realizada de outra forma) para benefício do nascituro em questão e da mãe, respeitando-se a sua integridade física e psíquica".[22] Além disso, o Parlamento Europeu sugere a proibição penal da "manutenção da vida, por métodos artificiais, de embriões humanos com o fim de efetuar, no momento oportuno, extrações de tecidos ou de órgãos".[23]

Seguindo este caminho, o Código penal francês pune com pena de sete anos de prisão "a utilização de embriões humanos com fins industriais

---

[19] CONSELHO DA EUROPA, *Recomendação* 1.046 (1986), n.2; n.5; n.6; n.7; n.8; n.10.

[20] Vide CONSELHO DA EUROPA, *Recomendação* 1.046 (1986), n.14, ii, iii, iv; Apêndice, B, iii, vi, e; CONSELHO DA EUROPA, *Recomendação* 1.100 (1989), n.3; n.6; n.9; Apêndices, B, n.4; D, n.9; E, n.14; H, n.20, n.21, n.23 e n.24. Todavia, nesta última Recomendação, o CONSELHO DA EUROPA estabelece algumas exceções (permissões) no que tange principalmente à investigação ou experimentação sobre embriões e fetos mortos (vide, CONSELHO DA EUROPA, *Recomendação* 1.100 (1989), Apêndices C, n.8; F, n.15).

[21] PARLAMENTO EUROPEU, *Resolução sobre fecundação artificial in vivo e in vitro*, de 16/03/89, n.7; n.8, n.11.

[22] PARLAMENTO EUROPEU, *Resolução sobre os problemas éticos e jurídicos da manipulação genética*, de 16/03/89, n.32.

[23] Idem, ibidem, n.36.

ou comerciais" (Código penal, art. 511-17). Com pena bem mais branda (multa ou privação da liberdade de até 3 meses), é proibida na Noruega "a investigação com óvulos fecundados" (Lei 56/1994, art. 3.1 c/c art. 8.5).

Todavia, em nosso país, é lícita a utilização de embriões humanos para fins de pesquisa e terapia, desde que sejam observados alguns requisitos legais. Infelizmente, no Brasil, a atual Lei de biossegurança permite utilizar embriões humanos como meros instrumentos para atingir determinados fins (possíveis benefícios a terceiros) a eles alheios,[24] a partir da extração das suas células-tronco (*stem cells*), células estas que teriam possibilidades consideradas terapêuticas. A esperança da comunidade científica é que as células-tronco sejam capazes de regenerar e curar tecidos e órgãos doentes, além de, futuramente, desenvolver órgãos para a realização de transplantes.

As células-tronco são células progenitoras capazes de se auto-renovar (*self renewing*) e de se dividir (*self replicate*) ilimitadamente, diferenciando-se em células e tecidos especializados.[25] Quanto à sua natureza, há duas espécies de células-tronco: as células-tronco adultas (*adult stem cells*) e as células-tronco embrionárias (*embryonic stem cells*).[26] As células-tronco adultas podem ser extraídas de diversos tecidos humanos (medula óssea, sangue, fígado, cordão umbilical, placenta, fígado, músculos, etc.), enquanto as células embrionárias só podem ser encontradas em embriões humanos.

Acredita-se, todavia, que as células-tronco embrionárias possuem uma maior capacidade de diferenciação e especialização em células desejadas (*plasticidade*) do que as células-tronco adultas, motivo pelo qual aquelas são classificadas como "totipotentes" e/ou "pluripotentes".[27] Desta forma, as células-tronco embrionárias seriam teoricamente mais promissoras porquanto teriam maior plasticidade do que as células-tronco adultas. No entanto, os benefícios esperados ainda não passam de promessas teóricas, inexistindo no momento evidências científicas que comprovem as reais possibilidades curativas e terapêuticas das células-tronco embrio-

---

[24] Sobre isso v. CARVALHO, *RDGH* (2005), p. 114.

[25] Cf. BARTH, *Células-tronco e bioética*, p. 26.

[26] Sobre o que são as células-tronco (adultas e embrionárias), bem como sobre as suas pesquisas e suas fontes, mais desenvolvidamente, BARTH, *Células-tronco e bioética*, p. 18 e ss.

[27] Células totipotentes são aquelas capazes de se diferenciar em todos os tipos de tecidos e células que formam o corpo humano, incluindo a placenta e anexos embrionários; "são células, embrionárias ou não, com qualquer grau de ploidia, apresentando a capacidade de formar células germinais ou diferenciar-se em indivíduo" (CTNBio, *Instrução Normativa* 8/1997, art. 1º, III). Células pluripotentes ou multipotentes são aquelas capazes de se diferenciar em quase todos os tipos de tecidos e células humanos, excluindo a placenta e anexos embrionários. Segundo PRADO (*Direito penal do ambiente*, p. 579), "a célula totipotente contribui a todos os tipos celulares de um organismo adulto; tem a capacidade de dar lugar a um indivíduo completo", enquanto a "célula pluripotente não é capaz de desenvolver-se em um organismo completo, mas tem a capacidade funcional de dar lugar a várias linhagens celulares ou tecidos diferentes".

nárias. Ademais, não se sabem bem quais são as conseqüências negativas que podem advir ao ser humano com a sua utilização.[28] Por outro lado, já há algumas pesquisas indicando que as células-tronco adultas também possuem uma certa pluripotência equivalente às células-tronco embrionárias.[29] Se tais descobertas se confirmarem, antes de recorrer-se às células- tronco embrionárias seria interessante as pesquisas se dirigirem às células-tronco adultas para verificar se a sua potencialidade terapêutica é efetivamente limitada, e, além disso, esgotar as experimentações com células-tronco de animais.[30] Tal medida de caráter moratório poderia ser uma alternativa mais sensata, prudente e condizente com a dignidade humana.

Há basicamente quatro fontes de obtenção de células-tronco embrionárias, que por sua vez podem ser utilizadas na terapia celular diretamente ou como produtoras de cultivos de tecidos (ou órgãos) *in vitro* para substituir *in situ* os tecidos e órgãos danificados. As fontes são as seguintes: 1) embriões produzidos por fertilização *in vitro* que foram exclusivamente criados para este fim; 2) embriões produzidos por fertilização *in vitro* que foram descartados em processos de reprodução assistida ou que foram congelados e não mais utilizados para fins reprodutivos (embriões excedentes); 3) embriões produzidos por clonagem (mediante transferência de núcleo ou divisão embrionária); e 4) embriões provenientes de abortos.

A Lei 11.105/2005 permite apenas a utilização de células-tronco embrionárias obtidas de embriões produzidos por fertilização *in vitro*, observados alguns requisitos. De acordo com o art. 5º da Lei 11.105/2005 é permitida, "para fins de pesquisa e terapia, a utilização de células-tronco embrionárias obtidas de embriões humanos produzidos por fertilização *in*

---

[28] Segundo BARTH (*Células-tronco e bioética*, p. 33-34), descobriu-se que as células-tronco embrionárias, quando diretamente injetadas em animais, também podem dar origem a tumores, mais conhecidos como teratomas ou terato-carcinomas.

[29] VOGEL, "Harnessing the power of stem cells", *Science* 283 (1999), p. 1432-1434; VOGEL, "Studies cast doubt on plasticity of adult cells", Science 295 (2002), p. 1989-1991; JEFESON, "Adult stem cells may be redefinable", *British Medical Journal* 318 (1999), p. 282; PAGÁN, "Ultimate stem cell discovered", *New Scientist* 23 (2002). Aliás, a PONTIFÍCIA ACADEMIA PARA A VIDA (*Declaração sobre a produção e o uso científico e terapêutico das células-tronco embrionárias humanas*, de 25 de agosto de 2000), prefere explicitamente a pesquisa com células-tronco adultas: "todos estes progressos e os resultados já alcançados no campo das células-tronco adultas deixam entrever não só a sua grande plasticidade, mas também uma ampla possibilidade de prestações, presumivelmente não distinta das utilizações das células-tronco embrionárias, visto que a plasticidade depende em grande parte de uma informação genética, que pode ser reprogramada". Para BARTH (*Células-tronco e bioética*, p. 49), "ao que tudo indica, as células-tronco pluripotentes adultas têm o mesmo potencial de desenvolvimento que as células-tronco pluripotentes embrionárias, mas é imprescindível um conhecimento maior, especialmente o domínio da capacidade de diferenciação e especialização das mesmas na linha celular desejada. Em pesquisas feitas sobre o tratamento do mal de Parkinson, as experiências em macacos têm demonstrado que elas oferecem até melhores resultados que as células-tronco embrionárias". Aliás, em recente pesquisa realizada no líquido amniótico descobriu-se a presença de células-tronco com grande potencial de diferenciação (pluripotência), similar ao das células-tronco embrionárias (www.nature.com/nbt/journal/v25/n1/abs/nbt1274.html. Acesso em: 13/01/2006).

[30] A propósito disso, v. HOLDEN, "Stem cell research: primate parthenotes yield stem cells", *Science* 295 (2002), p. 779-780.

vitro e não utilizados no respectivo procedimento, desde que atendidas as seguintes condições: I – sejam embriões inviáveis; ou II – sejam embriões congelados há três anos ou mais, na data de publicação desta Lei, ou que, já congelados na data de publicação desta Lei, depois de completarem 3 (três) anos, contados a partir da data de congelamento", sendo que em qualquer caso é necessário o consentimento dos genitores (§ 1º) e a aprovação dos respectivos comitês de ética em pesquisa (§ 2º).

Contudo, a nosso sentir, esta permissão legislativa traz sérias conseqüências negativas em relação à dignidade humana com a ofensa à *vida humana embrionária* – que seria instrumentalizada tanto pela ciência, ao ser sacrificada em prol de salvar outras vidas carentes, como pelo mercado, através da eventual comercialização dos embriões produzidos por fertilização *in vitro* mas não destinados à procriação. Na realidade, isso ofende mais precisamente a *dignidade reprodutiva humana*, pois o próprio "estatuto da reprodução humana" pode vir a ser totalmente degradado pelo desrespeito em relação à destinação do seu produto, representado pelo embrião. De qualquer forma, e a fim de evitar uma total "coisificação" dessas entidades biológicas humanas tratando-as como meras "mercadorias", resta proibida a comercialização de embriões (§ 3º), nos termos da Lei 9.434/1997, que estabelece como crime, com pena de reclusão de 3 a 8 anos, a conduta de "comprar ou vender tecidos, órgãos ou partes do corpo humano" (art. 15), incorrendo na mesma pena quem "promove, intermedeia, facilita ou aufere qualquer vantagem com a transação" (parágrafo único). Aliás, a Constituição brasileira veda expressamente a comercialização de "substâncias humanas para fins de transplante, pesquisa e tratamento" (CF, art. 199, § 4º).

1.1.2. Comentários dogmáticos

Observação: A figura delitiva do art. 24 não era prevista na revogada Lei 8.974/1995. No entanto, esta lei incriminava "a produção, armazenamento ou manipulação de embriões humanos destinados a servirem como material biológico disponível" (art. 13, III), com a exacerbada pena de reclusão de 6 (seis) a 20 (vinte) anos.

1.1.2.1. Tipo objetivo

Bens jurídicos: a vida humana embrionária e a dignidade reprodutiva humana.

Sujeito ativo: qualquer pessoa (física), independentemente de qualquer qualidade ou condição pessoal. É crime comum.

Sujeito passivo: a coletividade.

Conduta: a conduta incriminada é comissiva e consiste em *utilizar* (usar, empregar, tirar proveito de) embrião humano.

Objeto material: é o embrião humano utilizado em desacordo com o que dispõe o art. 5º da Lei 11.105/2005.

Elementos normativos: *embrião humano* é elemento normativo extrajurídico do tipo, significando o estágio vital humano que se inicia no momento da fecundação do óvulo pelo espermatozóide e vai até aproximadamente três meses de desenvolvimento, quando então passará o mesmo a ser designado mais propriamente de feto até que sobrevenha o nascimento. Enquanto a expressão *em desacordo* é elemento normativo negativo do tipo.[31]

Norma penal em branco: os termos *em desacordo com o que dispõe o art. 5º desta Lei* consubstanciam a existência de norma penal em branco[32] (imprópria), pois o complemento do preceito está localizado na própria Lei 11.105/2005.

Consumação e tentativa: trata-se de crime de mera conduta, consumando-se com a utilização do embrião humano em desacordo com o que dispõe o art. 5º da Lei de Biossegurança. A tentativa é inadmissível.

Resultado jurídico: trata-se de crime de perigo abstrato.[33]

1.1.2.2. Tipo subjetivo

Dolo: representado pela vontade e consciência de realizar o tipo objetivo. O dolo pode ser direto ou eventual.

Elemento subjetivo especial: inexiste.

1.1.2.3. Modalidade culposa

Não há previsão típica da forma culposa.

1.1.2.4. Qualificadoras e causas de aumento de pena

Não há previsão típica de qualificadoras nem de causas de aumento de pena.

1.1.2.5. Pena e questões processuais

Comina-se pena de detenção de um a três anos, e multa. A suspensão condicional do processo é cabível em virtude da pena mínima abstratamente prevista (um ano), conforme o art. 89 da Lei 9.099/1995.

A ação penal é pública incondicionada.

---

[31] A respeito dos elementos normativos negativos do tipo, v. SPORLEDER DE SOUZA, *Revista Jurídica* (2005), p. 73 e ss.

[32] Nesse sentido, PRADO, *Direito penal do ambiente*, p. 578.

[33] Sobre os crimes de perigo abstrato, v., desenvolvidamente, D'AVILA, *Ofensividade e crimes omissivos próprios*, p. 90 e ss..

1.2. ART. 25 DA LEI 11.105/2005 (ENGENHARIA GENÉTICA GERMINAL)

Art. 25. Praticar engenharia genética em célula germinal humana, zigoto humano ou embrião humano.
Pena – reclusão, de 1 (um) a 4 (quatro) anos, e multa.

1.2.1. Comentários gerais

Das expressões utilizadas pela doutrina especializada para referir-se às tecnologias genéticas que envolvem as intervenções sobre o genoma humano sobressaem os termos "manipulação genética" e "engenharia genética" como os vocábulos mais adotados no que se refere às aplicações práticas da biologia molecular ou nova genética, motivo pelo qual vamos usá-los de forma indiferenciada. No entanto, embora a designação "engenharia genética" seja comumente empregada como sinônima de "manipulação genética", para sermos mais precisos, aquele termo (engenharia genética) está mais propriamente relacionado com a "manipulação genética em sentido estrito (manipulação genética própria)"[34] do que com a chamada "manipulação genética em sentido amplo (manipulação genética imprópria)".[35]

Segundo Wachbroit, engenharia genética humana refere-se à modificação genética da constituição humana utilizando as técnicas da moderna biotecnologia.[36] Já no entender de Suzuki/Knudtson, engenharia genética é o "uso de novas e revolucionárias técnicas de laboratório – que representam uma síntese da genética molecular, da bioquímica e da microbiologia –, para modificar a constituição genética de células e organismos através da manipulação de genes individuais".[37] Para Missa/Pinsart, "por engenharia

---

[34] Ao que tudo indica, também igualando as duas expressões (engenharia genética e manipulação genética em sentido estrito) referidas, MANTOVANI, *RDGH* (1994), p. 93 e ss.

[35] Segundo MANTOVANI (*RDGH* (1994), p. 94) no seu significado amplo e impróprio – e que aqui não nos interessa – a expressão manipulação genética abarca também as manipulações dos gametas e dos embriões, assim como as técnicas de reprodução assistida, nas quais, todavia, não há a modificação do genoma. Porém, ao contrário de MANTOVANI, entendemos que igualmente se insere nesta definição ampla de manipulação genética a clonagem reprodutiva que, para o autor, seria uma manipulação genética *stricto sensu* (idem, ibidem, p. 98-99). Ocorre que na clonagem reprodutiva não há qualquer modificação de ADN, mas sim uma transferência intacta de ADN de uma célula a outra (neste sentido, COSTA ANDRADE, *Revista de Direito e Economia* 1986, p. 122; Arthur KAUFMANN, *Oehler-FS*, p. 653). Por outro lado, é claro que a clonagem reprodutiva – assim como as técnicas de reprodução assistida – pode ser um instrumento para que ocorram manipulações genéticas próprias. Além disso, discordamos ainda de MANTOVANI quando este afirma que nas manipulações genéticas em sentido amplo não há alteração do patrimônio genético, pois em algumas situações deste tipo de manipulação pode efetivamente ocorrer modificações no genoma, como é o caso do quimerismo e do hibridismo que não envolvem propriamente a manipulação de genes, mas sim de embriões e gametas, respectivamente. Sobre a manipulação genética em sentido amplo (ou imprópria), v. SPORLEDER DE SOUZA, *Bem jurídico-penal e engenharia genética humana*, p. 205 e ss.

[36] WACHBROIT, in: Reich (Ed.), *Encyclopedia of Bioethics*, p. 936.

[37] SUZUKI/KNUDTSON, *GenÉtica*, p. 103.

genética ou manipulação genética designa-se um conjunto de técnicas que permite modificar o ácido desoxirribonucléico (ADN) e, por conseguinte, os suportes materiais da hereditariedade: os genes".[38] Por fim, Mantovani entende por manipulação genética (no seu significado restritivo e próprio): "a modificação dos caracteres naturais do patrimônio genético e, portanto, a criação de novos genótipos, através do conjunto das técnicas de transferência de um específico segmento de ADN (ácido desoxirribonucléico), que contenha uma particular informação genética".[39]

Como se percebe em todos os conceitos aludidos, a engenharia genética humana pressupõe modificação artificial (total ou parcial) do genoma de determinada célula ou organismo particular, sendo que isto pode ser levado a efeito de forma programada mediante a adição, substituição ou supressão de determinado(s) gene(s).[40] Por via de conseqüência, no ser humano, esta alteração pode ser dirigida a fins terapêuticos, ou seja, para a correção ou tratamento gênico (terapia gênica), ou para fins não necessariamente terapêuticos, isto é, científicos ou até mesmo outros fins reprováveis, com a seleção eugênica (positiva) de determinados caracteres biológicos não patológicos do genoma humano, ou através da criação de novos seres híbridos e aberrações humanas.

À luz disto do que foi expendido e procurando melhor valorar juridicamente a tecnologia gênica aplicada no ser humano, é possível, com efeito, estabelecer uma definição do que consideramos crimes de engenharia genética ou crimes de manipulação genética em sentido estrito. Assim, entendemos como *crimes de engenharia ou manipulação genética humana aquelas atividades que, de forma programada, permitem modificar (total ou parcialmente) o genoma humano, com fins não terapêuticos reprováveis, através da manipulação de genes.*[41] Neste sentido, são as definições (sinônimas) de manipulação ou engenharia genética da Comissão Técnica Nacional de Biossegurança (CTNBio). Segundo a CTNBio, manipulação genética significa o "conjunto de atividades que permitem manipular o genoma humano, no todo ou em suas partes, isoladamente ou como parte de compartimentos artificiais ou naturais (ex.transferência nuclear), excluindo-se os processos citados no art. 3º, inciso V, parágrafo único, e no art. 4º,

---

[38] MISSA/PINSART, in: Hottois/Parizeau, *Dicionário da Bioética*, p. 186.

[39] MANTOVANI, *RDGH* (1994), p. 94.

[40] Uma forma natural de alteração do genoma humano, que todavia não vamos nos ocupar, é a mutação. As mutações são erros e imperfeições que ocorrem ao acaso na replicação do ADN e a imensa maioria de mutações conhecidas no meio científico é letal. Por outro lado, embora sem a mesma precisão que proporciona a engenharia genética, outra forma artificial de modificação do genoma humano – mas que também não será objeto de estudo no presente trabalho por não envolver manipulação de genes – é através de radiação (ultravioleta, raios x, raios gama, radiações cósmicas) e por intermédio de determinados elementos químicos.

[41] A manipulação ou engenharia pode ser feita pela inserção, substituição, subtração ou modificação de determinado (s) gene (s).

todos da Lei n. 8.974, de 5.1.95";[42] e engenharia genética "é a atividade de produção e manipulação de moléculas de ADN/ARN recombinante".[43]

Como é sabido, as manipulações genéticas são realizadas com auxílio da poderosa tecnologia do ADN recombinante,[44] podendo ser efetuadas teoricamente pela chamada transferência de genes ou "terapia gênica".

Há dois tipos de transferência ou terapia gênica.[45] De acordo com o modo de sua aplicação, a transferência gênica pode ser qualificada de terapia gênica somática (TGS), quando incidir sobre as células somáticas (células não reprodutivas)[46] do ser humano; ou de terapia gênica germinativa

---

[42] CTNBio, *Instrução Normativa* (IN) 8/1997, art. 1, I.

[43] Art. 3, IV da Lei 11.105/2005.

[44] Segundo SUZUKI/KNUDTSON, trata-se de "seqüência nova de ADN produzida pela união em laboratório de porções de ADN de distintos organismos" (SUZUKI/KNUDTSON, GenÉtica, p. 313). Para estes autores, usando-se a tecnologia do ADN recombinante, os cientistas podem manipular os genes individualmente modificando, de maneira direta, as moléculas de ADN que codificam a informação genética. Deste modo, a tecnologia do ADN recombinante tem o poder de transformar os genes de todas as espécies num recurso global, que pode ser usado para configurar novas formas de vida que não obedeçam aos ditados da seleção natural, senão da imaginação humana (cf.*id.ibid.*, p. 103). Simplificando, podemos distinguir os seguintes passos desta tecnologia: isolamento ou seleção do (s) gene(s) de qualquer tipo de célula humana que seja do interesse; introdução deste(s) gene(s) numa molécula de ADN capaz de se auto-replicar (geralmente são utilizados plasmídeos – moléculas circulares e auto-replicativas de ADN encontradas em muitas bactérias) dando origem assim a uma molécula de ADN recombinante (plasmídeo modificado) por portar gene (s) estranho (s), no caso, gene(s) humano(s) de que não se dispunha anteriormente. Após este procedimento de construção do ADN recombinante e a fim de serem produzidas várias cópias desta nova molécula a etapa seguinte será a amplificação ou multiplicação do ADN recombinante obtido para facilitar o estudo. Esta replicação do ADN recombinante (e por conseguinte de genes recombinantes) pode ser realizada in vivo (pela clonagem de genes) ou *in vitro* (através da tecnologia do PCR – *polymerase chain reaction*). Desenvolvidamente sobre o ADN recombinante, WATSON et.al., *Recombinant* DNA; SUZUKI/KNUDTSON, GenÉtica, p. 102 e ss.

[45] Como se percebe, a engenharia genética está proporcionando a ocorrência de diversas intervenções nos componentes genéticos do ser humano. Dentre estas potencialidades apresenta-se como uma grande novidade a chamada terapia gênica. Conforme leciona ROMEO CASABONA (*El derecho y la bioética*, p. 366), através desta terapia são tratados defeitos genéticos de diversas índoles: hereditários, quando são transmitidos pelos genes dos pais; não hereditários, quando se produzem anomalias por erros imprevistos na formação das células sexuais; e congênitos, quando ocorrem no desenvolvimento embrionário devido a diversas mutações. Há três métodos para se realizar esta terapia: *ex vivo (in vitro), in situ* e *in vivo*. Enquanto no primeiro método a correção genética é feita no exterior do organismo do paciente, em laboratório, a partir da extração de suas células (geralmente da medula óssea); nos outros dois, ela é realizada no interior do organismo do paciente diretamente na corrente sangüínea (*in vivo*) ou, mais especificamente, nos órgãos e tecidos apropriados (*in situ*). Nestas intervenções (com exceção da supressão de genes), para serem introduzidos os genes nas células humanas, são utilizados *vetores* (normalmente vírus e plasmídeos) como meio de transporte e transferência dos genes às células humanas, podendo-se também aplicar diretamente micro-injeções de ADN nas mesmas. Sobre os aludidos métodos, *v.g*, ANDERSON/FRIEDMANN, in: Reich (Ed.), *Encyclopedia of Bioethics*, p. 908 e ss.; ANDERSON, "Prospects for human gene therapy", *Science* 226 (1984), p. 401-409, idem, "Human gene therapy", *Science* 256 (1992), p. 808-813; WILLIAMSON, "Gene therapy", *Nature* 298 (1982); LACADENA CALERO, in: Barbero Santos (Ed.), *Ingeniería genética y reproducción asistida*, p. 19 e ss.

[46] Por exemplo: células da pele, do fígado, da medula óssea, etc. O recurso à terapia gênica somática traz ótimas perspectivas e é enormemente facilitado nas chamadas enfermidades genéticas monogênicas, causadas pela disfunção de um único gene. Todavia, a sua aplicação também tende a estender-se para as enfermidades poligênicas como o câncer ou a SIDA (AIDS), às anomalias causadas por genes dominantes e às aberrações cromossômicas.

ou germinal (TGG), quando a atuação do médico ou cientista recair sobre as células germinativas (células reprodutivas) ou sobre as células da linha germinal.[47] Enquanto a primeira terapia (TGS) interfere em células que não têm capacidade de transmitir seu material genético à descendência do indivíduo, a segunda (TGG), por interferir no material genético reprodutivo do ser humano (gametas e óvulo fecundado em estado de totipotência), terá conseqüências e efeitos também na sua estirpe. Aliás, a CTNBio define célula germinal como "a célula-mãe responsável pela formação de gametas presentes nas glândulas sexuais femininas e masculinas e suas descendentes diretas em qualquer grau de ploidia".[48]

Nota-se que embora o procedimento seja basicamente o mesmo para ambas intervenções, elas se diferenciam quanto ao sujeito que será objeto da intervenção, pois, enquanto a TGS restringe-se ao próprio indivíduo experimentado,[49] a TGG afeta, além do indivíduo envolvido com a intervenção, a sua descendência que, assim, adquirirá e incorporará as modificações genéticas introduzidas pela engenharia genética efetuada. Isso implica dizer, noutras palavras, que, enquanto a terapia gênica somática incide em ações sobre o genoma não hereditário, na terapia gênica germinal, a intervenção, além daquele, afeta o genoma hereditário do ser humano, tendo efeito, portanto, sobre as gerações vindouras. Esclareça-se, porém, que ambas modalidades de terapia encontram-se ainda em fase experimental.

Desta forma, tem-se comparado a terapia gênica somática com qualquer outra experimentação de caráter terapêutico, como o transplante de órgãos por exemplo,[50] sujeita, portanto, às limitações ético-jurídicas correspondentes a este tipo de procedimento, enquanto que, por seus incertos e ainda desconhecidos efeitos sobre as gerações seguintes, tem-se repudiado

---

[47] Incidem portanto sobre os gametas – espermatozóide e óvulo – (células reprodutivas) e sobre o óvulo fecundado nas suas primeiras fases de desenvolvimento (linha germinal), motivo pelo qual o óvulo fecundado (até aproximadamente 14 dias) também é designado de pré-embrião ou embriões totipotentes. Como foi visto, estas células embrionárias, por não estarem ainda diferenciadas, são consideradas células-tronco totipotentes, sendo por isso capazes de produzir tecidos, órgãos ou até mesmo um ser completo. Assim, em relação ao nascituro, ao contrário da terapia gênica sobre as células somáticas em que a transferência gênica pode ser aplicada em qualquer fase do desenvolvimento humano (embrião, feto e sujeito nascido), a terapia gênica germinal terá que ser realizada antes de iniciar o processo de diferenciação embrionária, isto é, nos primeiros estágios de desenvolvimento do nascituro quando este é denominado pré-embrião, zigoto ou embrião totipotente.

[48] Na IN 8/1997 da CTNBio, consta idêntica definição, com a exceção de alguns termos. Para a referida IN (Instrução Normativa) células germinais são "células-tronco responsáveis pela formação de gametas presentes nas glândulas sexuais femininas e masculinas e suas descendentes diretas, com qualquer grau de ploidia" (art. 1, II).

[49] Como observa BENÍTEZ ORTÚZAR (*Aspectos jurídico-penales de la reproducción asistida y la manipulación genética humana*, p. 55), a inserção ou modificação da seqüenciação do ADN (não hereditário) limitar-se-á à vida da pessoa que se submeta a esta técnica, ou seja, mediante a intervenção gênica em células somáticas o genótipo do indivíduo não será alterado, mas seu fenótipo sim.

[50] Neste sentido, STERNBERG-LIEBEN, *JuS* (1986), p. 674; VITZTHUM, *MedR* (1985), p. 256; PÜTTNER/BRÜHL, *JZ* (1987), p. 536; JUNG, *ZStW* (1988), p. 36. Detalhadamente sobre as implicações jurídico-penais da terapia gênica, *v.g.*, STERNBERG-LIEBEN, *JuS* (1986), p. 673 e ss.

a terapia gênica germinal mesmo que alegadamente seja esta considerada presumivelmente "terapêutica".[51] Por outro lado, é óbvio que a manipulação genética que se limite à investigação científica no material biológico-genético humano germinal (espermatozóides e óvulos) *in vitro*, isto é, sem ser realizada posteriormente a transferência (ou tentativa de transferência) ao ser humano autônomo ou ao ser humano em estado de totipotência (pré-embrião) para fins reprodutivos (transferência gênica *in vivo* ou *in situ*), parece não repercutir qualquer reprovação jurídica ou até mesmo ético-social que seja hábil a contrapor neste caso a liberdade de pesquisa e investigação científicas em busca do progresso da biomedicina para o bem-estar da humanidade.[52] Além destas hipóteses relacionadas, a engenharia genética pode também ser abusiva ao ser humano quando não tiver objetivos terapêuticos, pois especialmente a transferência gênica germinal (TGG) – que incide sobre os gametas e sobre o embrião totipotente – pode ser instrumento para outros fins não terapêuticos reprováveis como, por exemplo, para produzir seres híbridos ou quimeras, ou para selecionar dadas características genéticas consideradas "ótimas" das pessoas.

Desta forma, e visando proteger a *identidade genética* da humanidade,[53] certos organismos internacionais e alguns países já se manifestaram contrariamente aos abusos da engenharia genética (germinal) humana. Assim, a lei alemã de proteção de embriões (EschG) pune a formação de quimeras tanto pela fusão de uma célula com um embrião como pela fusão de embriões (§ 7, 1 e 2); o Conselho da Europa recomenda "a proibição da fusão de embriões ou qualquer outra operação que possa produzir quimeras".[54] O Parlamento Europeu repugna a criação de quimeras.[55] Por fim, a Associação Internacional de Direito Penal também condena esta prática exigindo a sua tipificação penal.[56] Quanto à hibridação, a lei alemã de proteção de embriões tipifica penalmente a hibridação punindo com a mesma pena da conduta relativa à formação de quimeras (§ 7, 3). A lei inglesa também pune expressamente a hibridação.[57] Finalmente, o Parlamento Europeu

---

[51] Vide CONSELHO DA EUROPA, *Recomendação 1.100* (1989), n.18; AIDP, *Resoluções do Colóquio Direito penal e modernas técnicas biomédicas* (1988), n.6.8; PARLAMENTO EUROPEU, *Resolução sobre os problemas éticos e jurídicos da manipulação genética*, de 16/03/89, n.28; ROMEO CASABONA, *El derecho y la bioética*, p. 367-369.

[52] Da mesma forma, como é óbvio, nenhum óbice merece qualquer engenharia genética somática realizada *in vitro*, isto é, em laboratório, sem ocorrer transferência posterior ao ser humano.

[53] Sustentando ser este o bem jurídico ofendido nos crimes de engenharia genética humana, SPORLEDER DE SOUZA, *Bem jurídico-penal e engenharia genética humana*, passim. Cabe referir ainda que segundo o PARLAMENTO EUROPEU e o CONSELHO DA EUROPA, consideram-se não patenteáveis os processos de modificação da identidade genética germinal do ser humano (Diretiva 98/44/CE, art. 6, 2, b).

[54] CONSELHO DA EUROPA, *Recomendação 1.046* (1986), n.14 A, iv.

[55] PARLAMENTO EUROPEU, *Resolução sobre os problemas éticos e jurídicos da manipulação genética*, de 16/03/89, n.42.

[56] AIDP, *Resoluções do Colóquio Direito penal e modernas técnicas biomédicas* (1988), n.6.10.

[57] *Human Fertilisation and Embryology Act*, Section 4, n.1, c. Deve-se excetuar aqui o chamado "teste do hâmster" onde são obtidas células híbridas provenientes de ratos e humanos a fim de analisar, com

igualmente reprova o procedimento de hibridação, pedindo expressamente que se proíba a "fecundação de um óvulo humano com sêmen procedente de animais ou a fecundação de um óvulo animal com sêmen procedente de seres humanos, com o fim de obter um conjunto celular capaz de desenvolvimento" assim como todos os experimentos dirigidos a produzir quimeras e híbridos a partir de material genético humano".[58] Aliás, a Associação Internacional de Direito Penal exige a tipificação penal desta prática.[59] Em França, é punido como "crime de eugenia", com pena de 30 anos de reclusão e multa de 7.500.000 euros,[60] a realização de prática eugênica dirigida à organização da seleção das pessoas (CP francês, art. 214-1). De forma mais genérica, o Código penal boliviano (art. 277 bis) proíbe a alteração genética não terapêutica, cominando a pena privativa de liberdade de 2 a 4 anos e inabilitação; enquanto o Código penal colombiano (art. 132) proíbe a manipulação genética, prevendo a pena de 1 a 5 anos de prisão. No Brasil, a atual Lei de Biossegurança (Lei 11.105/2005) proíbe penalmente a engenharia genética germinal praticada em célula germinal humana, zigoto humano ou embrião humano, com pena de reclusão de 1 a 4 anos, e multa (Art. 25).

1.2.2. Comentários dogmáticos

Observação: o crime de engenharia genética (germinal) também era previsto na revogada Lei 8.974/1995. Todavia, esta lei incriminava "a manipulação genética de células germinais humanas" (art. 13, I), com pena de detenção, de 3 (três) meses a 1 (um) ano.

1.2.2.1. Tipo objetivo

Bem jurídico: a identidade genética do ser humano.

Sujeito ativo: qualquer pessoa (física), independentemente de qualquer qualidade ou condição pessoal. É crime comum.

Sujeito passivo: a humanidade.

Conduta: a conduta incriminada é comissiva e consiste em *praticar* (realizar, efetuar) engenharia genética em célula germinal humana, zigoto humano ou embrião humano.

---

fins diagnósticos e terapêuticos (p. ex., para casos de infertilidade), a capacidade de fertilização dos espermatozóides humanos para a fecundação. Neste sentido, aliás, é a posição do Conselho da Europa que, apesar de proibir a fusão de gametos humanos com os de outros animais, ressalva expressamente o "teste do hâmster", desde que este esteja sob estrita regulamentação, sendo que a lei a inglesa ampara juridicamente esta hipótese permissiva (vide *Human Fertilisation and Embriology Act*, Schedule 2, n.1, f).

[58] PARLAMENTO EUROPEU, *Resolução sobre os problemas éticos e jurídicos da manipulação genética*, de 16/03/89, n.42.

[59] AIDP, *Resoluções do Colóquio Direito penal e modernas técnicas biomédicas* (1988), n.6.10.

[60] Podendo chegar à pena perpétua se o crime for cometido por bandos organizados (CP francês, art. 214-3).

Objetos materiais: são a célula germinal humana, o zigoto humano ou embrião humano.

Elementos normativos: engenharia genética, *célula germinal humana*, *zigoto humano* ou *embrião humano* são elementos normativos jurídicos do tipo, e as compreensões dos dois primeiros estão definidas no art. 3 da Lei 11.105/2005, incisos IV, VII, respectivamente, assim como na Instrução Normativa 8/1997 (art. 1, I, II) da CTNBio. Zigoto (ou ovo) humano é "o embrião no primeiro estágio de desenvolvimento, imediatamente após a fecundação que acontece com a fusão dos dois gametas masculino e feminino, dando origem a um patrimônio genético diplóide específico. Esta denominação se mantém por aproximadamente 40 horas depois da fecundação".[61] Sobre o termo embrião humano vide comentário acima.

Norma penal em branco: inexiste.

Consumação e tentativa: trata-se de crime de material, que exige resultado naturalístico, consumando-se com a modificação genética (total ou parcial) do genoma da célula germinal humana, do zigoto humano ou embrião humano. A tentativa é admissível.

Resultado jurídico: trata-se de crime de perigo abstrato.

1.2.2.2. Tipo subjetivo

Dolo: representado pela vontade e consciência de realizar o tipo objetivo. O dolo pode ser direto ou eventual.

Elemento subjetivo especial: inexiste.

1.2.2.3. Modalidade culposa

Não há previsão típica da forma culposa.

1.2.2.4. Qualificadoras e causas de aumento de pena

Não há previsão típica de qualificadoras nem de causas de aumento de pena.

1.2.2.5. Pena e questões processuais

Comina-se pena de reclusão de um a quatro anos, e multa. A suspensão condicional do processo é cabível em virtude da pena mínima abstratamente prevista (um ano), conforme o art. 89 da Lei 9.099/1995.

A ação penal é pública incondicionada.

---

[61] BARTH, *Células-tronco e bioética*, p. 286.

1.3. ART. 26 DA LEI 11.105/2005 (CLONAGEM HUMANA)

Art. 26. Realizar clonagem humana:
Pena – reclusão, de 2 (dois) a 5 (cinco) anos, e multa.

1.3.1 Comentários gerais

A tecnologia da clonagem já se encontra disponível desde meados da década de 50 do século XX. Todavia, esta biotécnica ocupa neste momento o centro das atenções devido ao anúncio de êxito na realização da clonagem (reprodutiva) da ovelha Dolly.[62]

O termo clonagem humana pode ser referido à clonagem total ou completa de organismos humanos ou à clonagem parcial de suas células, tecidos ou órgãos. Para os efeitos da Lei 11.105/2005, considera-se clonagem o "processo de reprodução assexuada, produzida artificialmente, baseada em um único patrimônio genético, com ou sem a utilização de técnicas de engenharia genética" (art. 3°, VIII). Na realidade, duas são as técnicas de clonagem conhecidas na literatura biomédica que poderiam ser aplicadas em seres humanos:[63] a) clonagem por divisão embrionária (*embryo splitting*); e b) clonagem por transferência de núcleo.

Quanto à primeira (clonagem por divisão embrionária), inicialmente cabe frisar que o fenômeno da clonagem pode acontecer na natureza espontaneamente, como é o caso dos gêmeos monozigóticos ou univitelíneos. Todavia, este resultado também pode hoje ser obtido artificialmente, de forma induzida em laboratório, mediante a divisão de um embrião nos seus primeiros estágios de desenvolvimento. Portanto, a clonagem por divisão embrionária pode proporcionar a obtenção de indivíduos geneticamente idênticos (embriões clônicos), mas oriundos de diferentes gametas progenitores (um masculino e outro feminino).

Por outro lado, a clonagem por transferência nuclear também possibilita (teoricamente) a obtenção de organismos idênticos geneticamente (embriões clônicos), mas que são oriundos de um só progenitor, feminino (óvulo). Ou seja, através da transferência do núcleo de uma célula somática (embrionária ou adulta) qualquer (de um indivíduo já nascido ou mesmo morto) a um óvulo previamente desnucleado é realizada a fecundação mediante impulsos elétricos, sem a participação do gameta masculino (espermatozóide). Assim, diferentemente da clonagem por divisão embrionária, na clonagem por transferência nuclear utiliza-se apenas um gameta (óvulo) para se conseguir um embrião clônico,

---

[62] WILMUT et.al., "Viable offspring derived from fetal and adult mammalian cells", *Nature* 385 (1997),p. 810-813.

[63] Sobre as duas técnicas de clonagem referidas, ESER et. al., *RDGH* (1998), p. 96-98.

1.3.1.1. Clonagem humana reprodutiva

Por ofender a *identidade genética* e a *dotação genética dupla* (ou diferenciada) da humanidade, parece estar havendo um certo consenso mundial a respeito da proibição da clonagem reprodutiva. Para os efeitos da Lei 11.105/2005, considera-se clonagem para fins reprodutivos a "clonagem com a finalidade de obtenção de um indivíduo" (art. 3º, IX). Já a CTNBio define como clonagem em humanos o "processo de reprodução assexuada de um ser humano" e como clonagem radical o "processo de clonagem de um ser humano a partir de uma célula, ou conjunto de células, geneticamente manipuladas ou não".[64]

Reprovam expressamente a clonagem humana reprodutiva: o Conselho da Europa, *Recomendação 1046* (1986), n.14, iv; *idem, Protocolo Adicional à Convenção dos direitos humanos e da biomedicina* (1998), art. 1, n. 1; o Parlamento Europeu, *Resolução sobre os problemas éticos e jurídicos da manipulação genética*, de 16/03/89, n.41; a AIDP, *Resoluções do Colóquio Direito penal e modernas técnicas biomédicas* (1988), n. 6.9; a União Européia, *Carta de direitos fundamentais da União Européia* (2000), art. 3, n. 2; a UNESCO, *Declaração universal sobre o genoma humano e os direitos humanos* (1997), art. 11,[65] e a ONU, *Declaração sobre clonagem de seres humanos* (2005), letra *a*. A clonagem reprodutiva em seres humanos está expressamente proibida penalmente na Alemanha (EschG, § 6, (1) e (2)), na Espanha (Código Penal, art. 161, n.2), na França (Código Penal, art. 214-2), no Reino Unido (*Human Fertilisation and Embriology Act*, Section 3, n. 3, d), na Itália (*Legge* 40/2004, art. 12, n. 7 e art. 13, n. 3, c), na Colômbia (Código Penal, art. 133) e no Peru (Código Penal, art. 324). Por fim, no Brasil, a clonagem humana reprodutiva está proibida penalmente pela Lei 11.105/2005 (art. 26), com pena de reclusão de 2 a 5 anos, e multa.

1.3.1.2. Clonagem humana não reprodutiva

O experimento bem-sucedido da ovelha Dolly também impulsionou o avanço das pesquisas envolvendo a utilização da clonagem humana para fins não reprodutivos (clonagem terapêutica).[66] A terapia celular, baseada no transplante de células ou tecidos sadios a tecidos e órgãos danificados, é uma das grandes esperanças da medicina no futuro, e a clonagem não

---

[64] CTNBio, IN 8/1997, art. 1º, IV e V, respectivamente.

[65] Por outro lado, segundo o PARLAMENTO EUROPEU e o CONSELHO DA EUROPA, não são considerados patenteáveis os processos de clonagem de seres humanos (Diretiva 98/44/CE, art. 6, 2, a).

[66] Sobre os aspectos criminais da clonagem humana "terapêutica", ROMEO CASABONA, *RDGH* (2001), p. 121 e ss.; MARTÍNEZ, *RDGH* (2003), p. 77 e ss.; SPORLEDER DE SOUZA, *RBCCRIM* (2005), p. 142 e ss., CARVALHO *RT* (2005), p. 385 e ss.

reprodutiva (por divisão embrionária ou por transferência nuclear) pode ser uma técnica eficaz para realizar isso.

A clonagem terapêutica é uma biotécnica emergente que visa desenvolver novas terapias na medicina regenerativa a partir da obtenção e utilização das denominadas células-tronco (*stem cells*) embrionárias (provenientes de embriões humanos). Para os efeitos da Lei 11.105/2005, considera-se clonagem terapêutica a "clonagem com a finalidade de produção de células-tronco embrionárias para utilização terapêutica" (art. 3, X). Segundo esta técnica poderiam ser produzidos embriões *in vitro* para posterior extração de suas células-tronco e utilização com fins denominados "terapêuticos", isto é, de cura ou tratamento de enfermidades que afligem a humanidade; na clonagem terapêutica não haveria, portanto, o fim de se transferir ao útero o embrião produzido no sentido de procriar um indivíduo clônico como ocorre na clonagem reprodutiva. Mas, entretanto, há implicações jurídicas (jurídico-penais) discutíveis em relação à tal possibilidade científica, sobretudo porque quando se extraem as células-tronco do embrião produzido este acaba por ser destruído. Desta forma, o embrião obtido teria sua existência restrita ao âmbito laboratorial e no prazo máximo de 14 dias a partir da "fecundação", que seria realizada por transferência nuclear ou divisão embrionária.[67]

Além de extremamente controvertidos, pouco se tem discutido acerca dos aspectos jurídico-penais da clonagem humana dita terapêutica. Num primeiro momento, parece claro que a clonagem terapêutica não apresentaria maiores problemas éticos e jurídicos por intentar ajudar a biomedicina a combater o sofrimento humano, pois a liberdade de pesquisa e investigação para o avanço da ciência é um direito constitucionalmente consagrado na maioria dos ordenamentos jurídicos.[68] No entanto, apesar das enormes potencialidades terapêuticas desta técnica biomédica, há algumas indagações sobre as suas conseqüências indesejáveis, sobretudo porque a clonagem terapêutica está inserida no tema intricado da experimentação humana (embrionária), além do que a intervenção recai sobre embriões que são destruídos em decorrência da extração de suas células-tronco.

Sem querermos entrar aqui na discussão do "estatuto moral e jurídico do embrião humano" (*ex utero*) e se o embrião deve ser considerado uma pessoa, uma pessoa potencial ou um aglomerado de células nos primeiros

---

[67] Segundo a Comissão Nacional de Reprodução Humana Assistida (CNRHA) espanhola: "A clonagem não reprodutiva supõe a utilização de clonagem por transferência nuclear em cultivos celulares ou em embriões pré-implantatórios sem intenção de produzir um indivíduo clônico, senão com objeto de estabelecer cultivos de tecidos e, se for possível, de órgãos, a partir de células-tronco (*stem*) do embrião, seja para realizar estudos de investigação básica, seja para serem utilizados na reparação de órgãos danificados. Neste último caso a clonagem reprodutiva seria uma clonagem terapêutica" (CNRHA, Informe Anual, Dezembro de 1998 apud LACADENA, *RDGH* (2000), p. 206).

[68] Vide, entre outras, a Constituição alemã (art. 5.3), a Constituição portuguesa (art. 42.1), a Constituição espanhola (art. 20.1), a Constituição grega (art. 16.1), e a Constituição brasileira (arts.218 e 219).

dias (14 dias) de seu desenvolvimento – e nos quais seria realizada a clonagem terapêutica –, devemos ressaltar que não se pode negar que o *embrião humano* merece um *status* valorativo diferenciado[69] em relação a uma coisa qualquer ou mesmo em relação a outras entidades biológicas humanas (p.ex. células, tecidos, órgãos...), sendo portador, portanto, de dignidade[70] e de certos direitos (à vida, à integridade física, à saúde, a ser gestado, etc.) que lhe são inerentes por simplesmente pertencer à espécie humana. Isso se aplica, fundamentalmente, em relação à clonagem por divisão embrionária, pois o "embrião clônico" produzido por esta técnica deriva de dois progenitores naturalmente conhecidos: um gameta masculino (espermatozóide) e um gameta feminino (óvulo). Daí o motivo deste embrião clônico ser denominado mais apropriadamente de "embrião clônico gamético".[71]

Todavia, há maiores indagações quando se trata da clonagem realizada por transferência de núcleo. Primeiramente, questiona-se se o "embrião clônico somático" eventualmente produzido mediante esta técnica também teria o respaldo jurídico e moral cabível ao "embrião clônico gamético", já que aquele ("embrião clônico somático") possuiria uma natureza biológica distinta por resultar de um processo de criação (reprodução) independente da participação masculina, originando-se de apenas um gameta feminino (óvulo).[72] Em sendo aceita a equivalência de que o "embrião clônico somático" também pertence à espécie humana, naturalmente poderia se sustentar a idéia de que o mesmo deve igualmente ser considerado titular de bens jurídicos como a vida e a integridade física, além de ser abrangido pelo manto da própria dignidade humana, noção moral e jurídica indissociável dos seres (embriões) qualificados como humanos.

Disso tudo ainda decorre uma outra questão: deve-se possibilitar que os embriões clônicos sejam utilizados para investigação como alternativa preferível à sua destruição? Por conseguinte, poderiam sobrepor-se alegações favoráveis à clonagem terapêutica de um modo geral – tanto em relação à clonagem terapêutica por divisão embrionária como no que se refere à clonagem terapêutica por transferência nuclear – porque se estaria decidindo a favor do "mal menor", ao optar-se em destruir os embriões clônicos (gaméticos ou somáticos) produzidos em prol de fins terapêuti-

---

[69] Nesse sentido, ESER, *Derecho penal, medicina y genética*, p. 265.

[70] Sobre a dignidade dos embriões, referindo ainda decisões do Tribunal Constitucional alemão sobre isso, STARCK, *RDGH* (2001), p. 146 e ss.

[71] Segundo LACADENA (*RDGH* (2000), p. 202, notas 12 e 13), "embrião somático é o embrião originado *in vitro* pela transferência do núcleo diplóide de uma célula embrionária, fetal ou adulta ao citoplasma de um ovócito desnucleado, e "embrião gamético é o embrião originado pela fecundação *in vivo* ou *in vitro* de dois gametas".

[72] Também se questionando sobre este problema, aduz MIETH que "embora os embriões clonados possam ter as mesmas chances de se tornar seres humanos, sua origem é vastamente diferente" (MIETH, in: Garrafa/Pessini (Orgs.), *Bioética: Poder e injustiça*, p. 178).

cos (tentar salvar outras vidas humanas) em vez de simplesmente deixá-los morrer com dignidade.

Por outro lado, há argumentos plausíveis que contrariaram em princípio a admissibilidade da clonagem terapêutica, devendo-se perquirir, outrossim, quais seriam os óbices político-jurídicos (biopolítica) para a sua proibição, além daqueles mencionados acima.

O primeiro argumento político-jurídico para o impedimento da clonagem humana terapêutica diz respeito aos bio-riscos envolvidos com a pesquisa realizada com embriões, sejam eles clônicos (somáticos ou gaméticos) ou não, pois a eventual produção em laboratório deste "valioso material biológico" – mesmo que com propósitos alegadamente terapêuticos – coloca problemas jurídicos difíceis de serem resolvidos sem um amplo debate. A experimentação ou pesquisa com embriões é um tema árido e controvertido, e no que tange à clonagem humana terapêutica o que se alega a seu favor é que a utilização de células-tronco embrionárias poderá teoricamente ajudar a reduzir o sofrimento da sociedade, proporcionando mais bem-estar para um maior número de pessoas ao possibilitar salvar vidas e/ou curar e/ou tratar certas doenças, muitas, aliás, hoje consideradas incuráveis.

Todavia, a clonagem humana terapêutica traz sérias conseqüências negativas em relação à dignidade humana com a ofensa à *vida humana embrionária*, que seria instrumentalizada tanto pela ciência, ao ser sacrificada com o intuito de salvar outras vidas carentes,[73] como pelo mercado, através da eventual comercialização dos embriões obtidos por aquela técnica. Na realidade, isso ofenderia mais precisamente a *dignidade reprodutiva humana*, pois o próprio "estatuto da reprodução humana" seria totalmente degradado pelo desrespeito em relação à destinação do seu produto, representado pelo embrião. Por fim, uma outra preocupação diz respeito ao perigo que indiretamente correm a *dotação genética dupla*[74] (ou *dotação genética diferenciada*) e a *identidade genética* da humanidade, pois, se a clonagem terapêutica fosse amplamente permitida, estaríamos a um passo de manipulações mais audazes,[75] como a clonagem reprodutiva ou mesmo outras manipulações genéticas extremamente reprováveis ligadas à engenharia genética (p.ex., criação de seres híbridos, seres selecionados e/ou deformados).[76]

---

[73] Para CARVALHO (*RT* 2005, p. 412), a clonagem terapêutica deve figurar como causa de exclusão da ilicitude do delito do art. 26 da Lei de Biossegurança, "em virtude da aplicação da eximente do estado de necessidade (art. 24 do CP), que autoriza a salvação da vida ou da saúde do paciente ao qual se aplica a nova técnica em detrimento da vida do pré-embrião humano *in vitro*, que será destruído ao fim do procedimento para o resguardo do bem jurídico de maior valor".

[74] Sobre este bem jurídico, v. ROMEO CASABONA, *El derecho y la bioética*, p. 372.

[75] Esta argumentação do possível resvalamento para a utilização de biotécnicas mais audazes sobre o ser humano é conhecida como a tática do *slippery slope argument*.

[76] Sobre os aspectos jurídico-penais da engenharia genética, confira-se, SPORLEDER DE SOUZA, *Bem jurídico-penal e engenharia genética humana*.

No direito comparado, alguns países já punem penalmente a clonagem terapêutica. Na Itália, a recente lei sobre reprodução assistida (*Legge* 40/2004, art. 13, n.3, c) proíbe a clonagem não reprodutiva (mediante transferência nuclear ou divisão embrionária) com aumento de pena em relação à reclusão de dois a seis anos e multa de 50.000 a 150.000 euros cominada. Já o Código penal francês, pune, com pena de prisão de sete anos e multa 100.000 euros, tanto "a constituição de embriões humanos mediante clonagem para fins industriais ou comerciais" (art. 511-17), quanto a constituição de embriões humanos mediante clonagem "para fins de pesquisa" (art. 511-18) e "para fins terapêuticos" (art. 511-18-1). Mais genericamente, na Alemanha, a lei de proteção dos embriões (*Embryonenschutzgesetz* – EschG –) pune como "utilização abusiva de embriões humanos" "quem produzir o desenvolvimento extracorpóreo de um embrião humano para fim distinto da produção da gravidez", cominando a pena privativa de liberdade de até 3 anos ou multa como sanção.[77] Por fim, no Brasil, a Lei de Biossegurança (Lei 11.105/2005), implicitamente, também proíbe a clonagem humana não reprodutiva, prevendo a pena de reclusão de 2 a 5 anos, e multa (art. 26).

1.3.2. Comentários dogmáticos

Observação: embora efetivamente envolva a manipulação de células germinativas (óvulos), anteriormente havia dúvidas se a clonagem humana estava ou não proibida penalmente na revogada Lei 8.974/1995, já que o crime do art. 13, I mencionava apenas "*manipulação* de células germinativas", sem se referir especificamente à "clonagem humana".

1.3.2.1. Tipo objetivo

Bens jurídicos: em relação à clonagem humana reprodutiva, os bens juridicamente tutelados são a identidade genética e a dotação genética dupla (ou diferenciada) do ser humano; quanto à clonagem humana terapêutica, os bens jurídicos protegidos são a vida humana embrionária, a dignidade reprodutiva humana, a identidade genética e a dotação genética dupla (ou diferenciada) do ser humano.

Sujeito ativo: qualquer pessoa (física), independentemente de qualquer qualidade ou condição pessoal. É crime comum.

Sujeitos passivos: a coletividade e a humanidade.

Conduta: a conduta incriminada é comissiva e consiste em *realizar* (praticar, efetuar) clonagem humana.

---

[77] Todavia, a recente "Lei de células-tronco" (28.06.2002) sobre a garantia da proteção do embrião em relação com a importação e utilização de células-tronco de certa forma contorna e Lei de proteção dos embriões permitindo a importação e utilização de células-tronco que foram isoladas a partir de embriões excedentes antes da data de 1.01.2002.

Objetos materiais: são os óvulos humanos fecundados mediante clonagem.

Elementos normativos: *clonagem humana* é elemento normativo jurídico do tipo, previsto no art. 3º, VIII, IX e X da Lei 11.105/2005 e na Instrução Normativa 8/1997 (art. 1º, IV e V) da CTNBio.

Norma penal em branco: inexiste.

Consumação e tentativa: trata-se de crime material, que exige resultado naturalístico, consumando-se com a reprodução artificial do genoma humano. A tentativa é admissível.

Resultado jurídico: em relação à clonagem humana reprodutiva, trata-se de crime de perigo abstrato (à identidade genética e à dotação genética dupla ou diferenciada do ser humano); no tocante à clonagem humana terapêutica, trata-se de crime de dano (à vida embrionária) e de perigo abstrato (à dignidade reprodutiva humana, à identidade genética e à dotação genética dupla ou diferenciada do ser humano).

1.3.2.2. Tipo subjetivo

Dolo: representado pela vontade e consciência de realizar o tipo objetivo. O dolo pode ser direto ou eventual.

Elemento subjetivo especial: inexiste.

1.3.2.3. Modalidade culposa

Não há previsão típica da forma culposa.

1.3.2.4. Qualificadoras e causas de aumento de pena

Não há previsão típica de qualificadoras nem de causas de aumento de pena.

1.3.2.5. Pena e questões processuais

Comina-se pena de reclusão de dois a cinco anos, e multa, sendo, portanto, incabível a suspensão condicional do processo.

A ação penal é pública incondicionada.

1.4. CRIMES DECORRENTES DA REPRODUÇÃO ASSISTIDA

Com o surgimento de novas biotecnologias abrem-se perspectivas nas ciências biomédicas em muitos aspectos, principalmente no que diz respeito ao assunto reprodução humana. A humanidade desde há muito tempo procura controlar (quantitativa e qualitativamente) a sua forma de reproduzir-se, bem como superar eventuais problemas relativos à procriação. Todavia, só recentemente a biomedicina vem proporcionando alternativas mais confiáveis e precisas a respeito disso. Uma das possibilidades concretas – dentre outras várias trazidas pelas genetecnologias – de cumprir este projeto são as chamadas tecnologias reprodutivas ou técnicas de reprodução assistida.

As técnicas de reprodução assistida têm o papel de auxiliar na resolução de problemas de infertilidade humana, facilitando o processo de procriação quando outras terapêuticas tenham sido ineficazes ou ineficientes. A infecundidade constitui uma antiga preocupação do homem, e os meios para solucioná-la só se desenvolveram nas últimas décadas com base em conhecimentos adquiridos pela medicina genético-reprodutiva. Normalmente, a reprodução humana se dá naturalmente, ou seja, ocorre através do intercurso (coito) sexual; entretanto, sabe-se hoje que é cientificamente viável também gerar seres humanos independentemente desta condição puramente carnal. As tecnologias reprodutivas já demonstraram isso em 1978, com o nascimento do primeiro bebê de proveta, e atualmente elas representam um progresso real na solução do problema da infertilidade que afeta a saúde (reprodutiva) de vários casais. Inúmeras crianças não teriam nascido sem a intervenção destas biotécnicas, sendo, aliás, igualmente possível uma programação da paternidade/maternidade para se ter os filhos somente no momento e no número desejado.

As causas da infertilidade ou hipofertilidade masculina geralmente estão associadas a desordens genéticas, disfunções ejaculatórias, a questões ambientais (tabagismo, tóxicos, desnutrição, stress, etc.), azoospermia, varizes nos testículos, não descida dos testículos para as bolsas escrotais, ou mesmo por outras causas desconhecidas, também chamadas idiopáticas ou inexplicáveis. Já na mulher, as causas são as seguintes: oclusão das trompas de falópio, infecções genitais e uterinas, problemas hormonais, idade avançada, efeitos secundários de métodos anticoncepcionais, complicações decorrentes da prática de abortos provocados, causas idiopáticas, etc. Assim, ao lado dos métodos contraceptivos (pílulas do dia seguinte, DIU, preservativos, etc.) – que evitam a procriação humana, há métodos que a facilitam quando são verificadas certas enfermidades.

Por outro lado, além de ajudarem muitos casais na luta contra a esterilidade, a sub-fertilidade e a infertilidade, hoje em dia as técnicas de reprodução assistida podem ser utilizadas também para prevenir, tratar e/ou evitar a transmissão de enfermidades genéticas ligadas à descendência. Trata-se de ajudar a procriação por um lado, e de evitar o nascimento de crianças anormais, por outro. Enfim, os beneficiários destas técnicas podem ser casais inférteis, e mulheres inférteis,[78] casadas ou em união estável, solteiras, homossexuais ou não.

1.4.1. Reprodução assistida e direito à saúde

Todas as engrenagens sociais são consideradas solidariamente responsáveis pelo duplo objetivo de reduzir (ou até mesmo suprimir) as desigualdades sociais em saúde, e, de uma forma mais geral, elevar o nível de saúde da população. Ademais, as estratégias propostas incidem quer no campo da competência clássica da medicina quer na higiene da vida e do ambiente, no bom uso dos cuidados, no desenvolvimento da pesquisa, no apoio ao desenvolvimento sanitário, na qualidade de vida, etc.[79]

A noção de direito à saúde é recente. Somente a partir da *Declaração universal dos direitos do homem* (ONU, 1948) é que a problemática deste direito tem a sua primeira formulação formalizada. Conforme reza o art. 25: "qualquer pessoa tem direito a um nível de vida suficiente para assegurar a sua saúde, o seu bem-estar e os da sua família, nomeadamente para a alimentação, o vestuário, a habitação, os cuidados médicos, bem como para os serviços sociais necessários (...)". Esclareça-se, porém, que a referida declaração não afirma que cada pessoa tem exatamente um direito à saúde, mas antes um direito às condições que lhes garantirão a saúde. Segundo Moulin, no contexto da declaração de 1948, a afirmação do direito à saúde refere-se à definição de saúde formulada na introdução da Constituição da OMS (Organização Mundial de Saúde) que assim é estabelecida: "a saúde é um estado de bem-estar total, físico, mental e social, e não consiste apenas na ausência de doença ou de enfermidade".[80] A contribuição da OMS – continua a autora – para o reconhecimento de um direito do homem à saúde decorre de a pessoa humana não ser pensada em termos de um estado patológico, mas como um fim e como um meio relativamente a um potencial global e teórico de saúde.[81]

Por outro lado, a saúde humana, considerada hoje um direito fundamental e inalienável na maioria das constituições dos países, faz parte dos chamados direitos sociais. A própria Constituição brasileira estabelece isso expressamente (art. 6º), prevendo no Título VII – Da ordem social – a seção II destinada especificamente à saúde, onde o art. 196 preceitua que "a saúde é direito de todos e dever do Estado, garantido mediante políticas sociais e econômicas que visem à redução do risco de doença e de outros agravos e

---

[78] Apesar das mulheres maiores de 45 anos serem juridicamente capazes é bem questionável a estimulação da maternidade para além desta faixa etária, uma vez que os riscos são bem elevados para este grupo de pessoas.
[79] MOULIN, in: Hottois/Parizeau, *Dicionário da bioética* p. 141.
[80] Idem, ibidem, p. 139.
[81] Idem, ibidem, p. 139-140.

ao acesso universal e igualitário às ações e serviços para a sua promoção, proteção e recuperação".

1.4.2. Reprodução assistida e direito à procriação (ou direito reprodutivo)

Dentro do direito à saúde, pode-se falar em saúde procriativa e, por conseguinte, do direito à procriação (ou direito de procriar) ou simplesmente de direito reprodutivo, direito este baseado no controle ou planejamento da procriação pelo indivíduo (sozinho ou em casal) através das novéis técnicas biomédicas.

Sobre o direito à procriação, a constituição brasileira, no capítulo VII – que trata da família, da criança, do adolescente e do idoso – do título VIII (Da ordem social), estabelece que "a família, base da sociedade, tem especial proteção do Estado" (art. 226) e "fundado nos princípios da dignidade da pessoa humana e da paternidade responsável, o planejamento familiar é livre decisão do casal, competindo ao Estado propiciar recursos educacionais e científicos para o exercício desse direito, vedada qualquer forma coercitiva por parte de instituições oficiais ou privadas" (7º). Assim, nota-se que os direitos reprodutivos também estão assentados na própria liberdade (liberdade procriativa) do indivíduo, constituindo-se portanto numa garantia fundamental nos termos do art. 5º da CF.[82] Por fim, a Lei 9.263/1996 – que regula o § 7º do art. 226 da CF e trata do planejamento familiar – estabelece que para o exercício do direito ao planejamento serão oferecidos todos os métodos e técnicas de concepção e contracepção cientificamente aceitos e que não coloquem em risco a vida e a saúde das pessoas, garantida a liberdade de opção" (art. 9º)

1.4.3. Definição e técnicas de reprodução assistida (RA)

Reprodução assistida consiste no conjunto de técnicas que permite a reprodução humana fora do processo natural. Conforme Scarparo[83] "reprodução assistida constitui-se no conjunto de técnicas que têm como fim provocar a gestação mediante a substituição ou a facilitação de alguma etapa que se mostre deficiente no processo reprodutivo". No entender de Benítez Ortúzar,[84] "fala-se de reprodução assistida naqueles casos em que, fundamentalmente para combater a esterilidade, a união entre os gametas masculinos e femininos se produz auxiliada por estímulos não naturais".

---

[82] Para MOULIN (idem, ibidem, p. 142), o debate sobre o estatuto do direito à saúde está em saber se o mesmo deve ser considerado um direito subjetivo coletivo ou um direito subjetivo individual.
[83] SCARPARO, *Fertilização assistida*, p. 5.
[84] BENÍTEZ ORTÚZAR, *Aspectos jurídico-penales de la reproducción asistida y la manipulación genética humana*, p. 33-34.

Pode-se definir, então, reprodução assistida como todas aquelas biotécnicas que visam auxiliar, de modo artificial (de forma diversa da conjunção carnal),[85] a procriação humana (podendo inclusive melhorá-la) através da manipulação de gametas ou de embriões. Não entram, portanto, no âmbito de análise das técnicas de reprodução assistida propriamente ditas outros métodos de tratamento da infecundidade, como certas cirurgias reparadoras, por exemplo.[86]

As técnicas de reprodução assistida são classificadas de duas formas: em primeiro lugar, tomando como referência a origem dos gametas; e, em segundo, levando em consideração o procedimento de união dos gametas, isto é, o modo de ajudar (facilitar) a sua união.[87] Quanto à origem dos gametas, a reprodução assistida pode ser classificada em homóloga, heteróloga, mista ou extraconjugal.

1.4.3.1. RA Homóloga

RA homóloga consiste na reprodução assistida efetuada com material genético do próprio casal, que busca uma solução para seus problemas de fertilidade ou de sexualidade. Aqui, os gametas e embriões envolvidos na reprodução são provenientes dos cônjuges/ companheiros, sendo que a esposa/companheira será receptora do sêmen de seu marido/companheiro – ou do embrião fertilizado *in vitro* da união do seu óvulo com o espermatozóide de seu marido/companheiro – através de uma intervenção biomédica específica (IA, FIV, etc.). Utilizam-se, portanto, os gametas (espermatozóide e óvulo) e os embriões originados do próprio casal, sem a participação de um terceiro doador na fertilização.

Este tipo de reprodução assistida é o que menos problema apresenta desde uma perspectiva ética e jurídica. Não obstante, como se verá no decorrer deste trabalho, podem surgir questões concomitantes que suscitam divergências, como a reprodução *post mortem*, a reprodução sem o consentimento de um dos cônjuges, ou questões pertinentes ao direito civil sobre a titularidade dos gametas ou embriões crioconservados, especialmente no caso de ocorrer divórcio.

1.4.3.2. RA Heteróloga

RA heteróloga é a reprodução assistida realizada com a participação de material genético estranho ao do casal, isto é, o casal recorre a gametas

---
[85] Mais precisamente, na reprodução assistida a fecundação (penetração do óvulo pelo espermatozóide) se dá de modo natural, mas o procedimento para que haja a fecundação no entanto é artificial.
[86] Neste sentido, TESTART, *A procriação pela medicina*, p. 41.
[87] Nesse sentido, quanto à classificação utilizada, BENÍTEZ ORTÚZAR, *Aspectos jurídico-penales de la reproducción asistida y la manipulación genética humana* p. 33 e ss.

ou a embriões provenientes de um terceiro doador ou de terceiros doadores. Com efeito – como refere Testart –, dispõe-se de receitas bastante eficazes contra a hipofertilidade ou a esterilidade no seio do casal e, quando um dos membros continua com problemas na reprodução homóloga, pode recorrer-se, ainda, à doação de gametas; além disso, quando os dois membros do casal padecem de esterilidade, pode-se fazer com que se beneficiem da doação de um embrião oriundo de um outro casal.[88]

Este tipo de reprodução implica em mais problemas éticos e jurídicos (sobretudo no âmbito do direito civil) do que a anterior (homóloga) como, por exemplo, as questões que envolvem a introdução de material genético hereditário estranho ao do casal, a revelação do doador e sua relação com o nascituro gerado através destas técnicas, o consentimento do marido/companheiro para fecundar a esposa com sêmen que não é o seu – ou da mulher do casal para gestar possivelmente um óvulo doado –, a determinação da filiação e da paternidade legal – distinta da biológica –, entre outros.[89]

Além disso, é possível ocorrer uma forma de fertilização heteróloga utilizando-se uma mescla (coquetéis) de semens e óvulos provenientes de distintos doadores, alheios ao casal. Trata-se da chamada RA mista.

1.4.3.3. RA Mista

Entendida como uma subespécie da heteróloga, a reprodução assistida mista consiste na realização da fecundação de uma mulher com semens provenientes de vários homens, entre os quais se encontra incluído o sêmen de seu cônjuge/parceiro; ou na fecundação realizada com óvulos de distintas mulheres, misturados aos óvulos da esposa/companheira do casal que deseja ter filhos.[90]

Este tipo de fertilização assistida, como bem assinala Herrera Campos,[91] pode ser útil (ao menos psicologicamente) para consolidar a paternidade/maternidade do parceiro e da parceira envolvidos na reprodução, ao permitir-lhes supor, ou até mesmo crer, que efetivamente sejam os pais biológicos do filho a ser gerado.

1.4.3.4. RA Extraconjugal

A RA extraconjugal consiste naquela reprodução assistida que tem como objetivo dar um filho a uma mulher solteira, viúva, divorciada, homossexual, heterossexual ou bissexual. Desta forma, toda mulher juridica-

---

[88] TESTART, *A procriação pela medicina*, p. 89.
[89] Nesse sentido, BENÍTEZ ORTÚZAR, op. cit., p. 36.
[90] Idem, ibidem.
[91] HERRERA CAMPOS, *La inseminación artificial*, p. 28.

mente capaz pode ser beneficiária das técnicas de RA, independentemente do estado civil e da opção sexual.

Por outro lado, quanto ao modo de facilitar a união dos gametas, a reprodução assistida apresenta principalmente as seguintes técnicas: a inseminação artificial (IA) e a fertilização *in vitro* (FIV), embora elas possam apresentar algumas derivações.

1.4.3.5. Inseminação Artificial (IA)

A técnica de IA consiste na colocação induzida do sêmen no aparelho reprodutivo feminino, introduzindo-o no útero (inseminação intra-uterina), nas trompas de falópio (inseminação intrafalopiana) ou na cavidade abdominal (inseminação intraperitoneal). A técnica de IA é indicada tanto para problemas de fecundidade masculinos como femininos. Dentre as indicações para a mulher podemos mencionar os seguintes casos: anomalias (congênitas ou adquiridas) do aparelho genital e infecções vaginais. Já para os homens, a técnica de IA é mais freqüente e geralmente indica-se em casos de ausência (azoospermia) ou deficiência de espermatozóides, falta de qualidade (habilidade de movimentação) dos espermatozóides e doenças hereditárias.

Na maioria das vezes dá-se preferência a IA homóloga em detrimento da IA heteróloga, sendo que a IA só terá interesse terapêutico se for possível tratar o esperma *in vitro* ou se o mesmo for colocado para além da cavidade vaginal. Ademais, e quando as deficiências reprodutivas são relativas, os médicos esforçam-se para obter a fecundação através do esperma do cônjuge ou companheiro, mas quando há ausência de espermatozóides competentes ou estes são muito raros, recorre-se à IA heteróloga, ou seja, com a participação do esperma de um doador. Por fim, a IA heteróloga pode ser indicada devido à incompatibilidade sanguínea do casal, sendo também necessária a participação de um doador masculino neste caso.

1.4.3.6. Fertilização In Vitro (FIV) e Transferência Embrionária (FIVETE)

A sigla FIVETE significa "fecundação *in vitro* e transferência embrionária" e corresponde a um importante método de tratamento para certos casos de esterilidade, ocupando posição central entre as atuais técnicas disponíveis de reprodução assistida.

A técnica de FIVETE hoje tem um papel predominante em relação à IA sendo uma alternativa biomédica cada vez mais utilizada no combate à infertilidade devido à sua eficácia e por reduzir alguns aspectos desagradáveis impostos aos pacientes que são submetidos a este tipo de intervenção.

Todavia, é uma técnica mais complexa, que envolve as seguintes fases: a) obtenção de gametas de ambos os sexos, b) união dos gametas em laboratório (fecundação *in vitro*) e c) transferência dos embriões obtidos para a cavidade uterina da mulher receptora (implantação intra-uterina).

Quanto à primeira fase da FIVETE, cabe frisar que os gametas são obtidos de diferentes maneiras. No caso do homem, a coleta do material biológico é mais fácil e se dá através da masturbação; todavia, na mulher a obtenção dos óvulos é um pouco mais complicada, pois, primeiro, precisa-se estimular a ovulação utilizando certos medicamentos (citrato de clomífeno, gonadotropina, etc.) para então depois se aspirar os ovócitos. A punção pode ser realizada pela via transabdominal, transvaginal ou transuretral e o seu controle se faz mediante laparoscopia ou ultra-som, sendo que a laparoscopia é um método muito mais invasivo porque exige anestesia geral na paciente, enquanto no ultra-som há apenas anestesia local e/ou sedação. No que toca à segunda fase, a da fertilização (união dos gametas), releva dizer que os ovócitos obtidos na fase anterior – quando atingem o grau de maturidade – são levados à fertilização, de forma induzida, por espermatozóides que são cultivados em estufas especiais. Por fim, na terceira e última fase, os embriões decorrentes da exitosa fertilização são transferidos à mulher na posição ginecológica mediante um cateter específico. Geralmente, transfere-se um número considerado razoável de embriões para que o procedimento tenha mais chances de ter sucesso e assim obtenha-se a gravidez desejada. Considera-se que o número ótimo de embriões a serem transferidos é de três a quatro, pois acima desta quantidade os riscos de ocorrer gestação múltipla (trigêmeos, quádruplos, etc[92]), gravidez ectópica (gravidez na trompa, nos ovários ou no abdômen) ou perda do nascituro aumentam consideravelmente; enquanto que, por outro lado, ao serem transferidos apenas um ou dois embriões as chances de êxito da implantação do (s) embrião/embriões transferidos são bem mais reduzidas. Assim, embora seja um procedimento simples, a posterior transferência embrionária coloca o problema do número de embriões que são objeto desta operação, pois muitas vezes a estimulação ovárica e o êxito na gravidez por FIVETE implicam na produção de embriões excedentários/excedentes/sobrantes, isto é, embriões produzidos mediante FIV (TE) mas que não são, todavia, transferidos e implantados na mulher receptora.

Desde a sua posta em prática (1978), que resultou no nascimento do primeiro bebê de proveta, a FIVETE tem sido indicada medicamente para inúmeros problemas de infertilidade e hipofertilidade tanto masculina como feminina. Dentre as indicações à mulher podemos elencar as seguin-

---
[92] Segundo LEROY (in:Hottois/Parizeau, *Dicionário da bioética*, p. 261), as gravidezes múltiplas são oneradas de morbidade e mortalidade perinatais importantes, essencialmente devidas à grande prematuridade. Além disso, a gravidez múltipla comporta um risco acrescido de complicações na mãe (pré-eclampsia, apresentações anormais, hemorragia).

tes, além daquelas mencionadas acima: endometriose, oclusão ou lesão das trompas, ausência de ovócitos, doenças hereditárias e outras causas desconhecidas. Muito embora tenha surgido para resolver um problema de fecundidade feminino (ausência de trompas funcionais), deve-se salientar que a FIVETE também tem sido indicada para tratar da infertilidade (total ou parcial) de origem masculina, sobretudo nos casos acima já referidos. Por último, merecem ainda ser mencionadas duas técnicas derivadas da FIVETE, que, todavia, atualmente estão em retrocesso: a GIFT (*Gamete Intra Fallopian Transfer*), que consiste na transferência, por via abdominal, para as trompas de falópio de ovócitos recolhidos e de esperma previamente preparado para que a fecundação ocorra *in vivo*; e a ZIFT (*Zygote Intra Fallopian Transfer*), que consiste na transferência para as trompas de falópio de óvulos previamente fecundados *in vitro*. Ambas as técnicas são realizadas através de laparoscopia (com ou sem a ajuda de ultra-som) ou por punções guiadas por ecografia.

1.4.3.7. Crioconservação (ou criopreservação)

Pode-se afirmar que a crioconservação (ou criopreservação) é uma tecnologia reprodutiva auxiliar que visa facilitar a reprodução assistida, sobretudo a FIVETE.

A habilidade técnica de congelar gametas e embriões por longos períodos sem prejudicar as suas potencialidades biológicas oferece novas opções de tratamento e terapêuticas ligadas à reprodução humana. Desde o nascimento, na década de 80 do século XX, da primeira criança oriunda de um embrião congelado, a criobiologia vem contribuindo enormemente para a genética humana e impulsionando o aprimoramento de outras técnicas biomédicas. Ademais, hoje há vários biobancos[93] que permitem o congelamento de embriões e gametas (espermatozóides)[94] por prazos variáveis ou ainda por tempo indeterminado, sendo uma prática comum as pessoas recorrerem a estes serviços biomédicos a fim de: a) tornar mais cômodo e confortável o seu tratamento diante dos problemas ligados à impossibilidade de reproduzir, preservando principalmente a mulher de intervenções nada agradáveis (p.ex, estimulação hormonal); b) ou mesmo com o intuito

---

[93] Denomina-se "biobanco" toda infra-estrutura técnica e administrativa que viabiliza o armazenamento de material biológico humano (v.g., células, tecidos, sangue, DNA, embriões, etc.) para fins biomédicos de pesquisa ou outros (p. ex, forenses, estudos sobre a diversidade genética, etc). Sobre os biobancos para a pesquisa, v.GERMAN NATIONAL ETHICS COUNCIL, *Biobancs for research (Opinion)*.

[94] Apesar dos múltiplos esforços dos cientistas, a crioconservação de óvulos é uma técnica ainda incipiente e pouco segura e por isso não vem sendo desenvolvida nas clínicas (biobancos) especializadas. Afirma-se que, diferentemente dos espermatozóides, os óvulos são muito lábeis, possivelmente porque na fase em que são obtidos os seus cromossomos não há a proteção da membrana nuclear. Ademais, e a partir de experimentações feitas com animais, há estudos indicando que são vários os riscos de ocorrer anomalias genéticas nos raros casos em que são obtidos óvulos capazes de resistir aos procedimentos de congelamento-descongelamento levados a cabo na crioconservação.

de melhor assegurar e programar a sua reprodução para um momento considerado mais oportuno seja qual for o motivo.

Quanto aos embriões, na crioconservação são utilizados embriões em estágios muito precoces (denominados por alguns de "pré-embriões"),[95] exigindo-se o seu armazenamento em ambientes apropriados (azoto líquido) a uma temperatura de aproximadamente – 196º C com a adição de certas substâncias crioprotetoras. Geralmente, os embriões crioconservados advêm das técnicas de FIVETE e ZIFT e são embriões que sobraram e/ou não foram transferidos ao ventre materno devido ao desinteresse dos seus genitores ou após ter havido êxito (produção da gravidez) na realização daquelas tecnologias reprodutivas. Embora, de maneira geral, se observe uma tendência para limitar a fecundação de óvulos ao número necessário para a consecução da gravidez, nem sempre é possível, no estado atual das ciências biomédicas, fecundar apenas o número estritamente necessário. Diante disso, na prática – e para facilitar o procedimento da FIVETE, bem como aumentar a sua taxa de êxito –, após a estimulação ovárica, na maioria das vezes são produzidos alguns embriões a mais a fim de se manter um estoque para posterior utilização, caso a transferência anteriormente realizada não tenha tido sucesso. Segundo Deleury, estes embriões restantes são geralmente crioconservados para serem posteriormente implantados na mulher receptora na hipótese de se verificar o malogro da primeira tentativa de transferência. Além disso, a congelação permite evitar uma nova exposição da doente aos riscos associados à estimulação hormonal e à colheita de ovócitos.[96] Todavia, adverte a autora, "ainda que os embriões congelados possam ser conservados sem alteração durante um período de tempo aparentemente indefinido, nem todos resistem à descongelação. Os que sobrevivem (60% a 80%) conservam, ao que parece, as suas capacidades de desenvolvimento normal. No entanto, ainda não se conhece a taxa de êxito que se pode esperar de uma utilização rotineira desta tecnologia".[97] Por outro lado, embora crioconservação possa revelar-se uma resposta para a superprodução de embriões, ela não elimina os problemas éticos e jurídicos que surgem a respeito do que se deve fazer com os embriões sobrantes/excedentários que estão crioconservados mas não serão mais utilizados pelos genitores. Estas questões estão em ampla discussão no mundo atualmente, ainda não havendo consenso sobre isso. Entretanto, vislumbram-se quatro

---

[95] Não diferenciamos todavia embrião de pré-embrião. Consideramos "embrião" o estágio vital humano que se inicia no momento da fecundação do óvulo pelo espermatozóide e vai até aproximadamente três meses de desenvolvimento quando então passará o mesmo a ser designado mais propriamente de feto até que sobrevenha o seu nascimento. Todavia, alguns autores e algumas legislações denominam como pré-embrião o fenômeno biológico que se inicia com a concepção (fecundação do óvulo pelo espermatozóide) e vai até o 14º dia do desenvolvimento embrionário humano. Neste sentido, e adotando o termo pré-embrião, Conselho Federal de Medicina (CFM), *Resolução* 1.358/1992.

[96] DELEURY in: Hottois/Parizeau, *Dicionário da bioética*, p. 183.

[97] Idem, ibidem, p. 183-184.

destinos para os referidos embriões: a) serem simplesmente descartados (destruídos), b) serem doados para casais ou mulheres inférteis, c) serem utilizados para fins comerciais ou industriais, e d) serem utilizados para a pesquisa. De qualquer forma, é sempre importante que haja consentimento dos genitores e estes manifestem a sua vontade por escrito (consentimento) quanto ao destino que será dado aos embriões (e aos gametas) criopreservados, sobretudo no caso de divórcio, doenças graves ou de falecimento.

1.4.3.8. Gestação ou maternidade substitutiva

Ao passo que com a contracepção[98] se assistiu à dissociação entre ato sexual e procriação, hoje em dia assiste-se também à dissociação entre gravidez e maternidade,[99] por meio da denominada maternidade substitutiva, gestação de substituição ou doação temporária do útero. As circunstâncias nas quais esta forma de procriação pode ser indicada são muito restritas, se se circunscrever a acessibilidade a hipóteses de esterilidade ou a indicações médicas graves e se se refutar qualquer utilização de conveniência, o que parece dever ser o postulado fundamental de partida.[100]

Sendo complementar à IA e à FIVETE, a gestação substitutiva é uma técnica especialmente indicada àquelas mulheres que estão incapacitadas de desenvolver uma gravidez saudável por motivos físicos (p.ex., por ausência ou deficiência do útero, doenças graves incompatíveis com a gravidez, para evitar a transmissão de doenças ao feto, etc.) ou psíquicos (p. ex., traumas psicológicos), ou quando a gravidez ponha em perigo a vida da mulher. Portanto, a gestação substitutiva pode ser aplicada tanto na IA como em relação à FIVETE, mas ela será sempre heteróloga, pois a maternidade substitutiva envolve necessariamente a participação de um terceiro (ou de terceiros), quer na doação de gametas ou de embriões, quer na disposição do ventre para a gestação.

Pode-se então definir gestação substitutiva como a recepção por uma mulher de material genético (gametas ou embriões) alheio (de um terceiro ou de terceiros) para desenvolver a gestação em substituição à outra que deseja ter filhos mas é incapaz disso. Há dois tipos de gestação substitutiva: a) total, quando a mãe substituta gesta um embrião originado com material genético diverso ao seu (embrião proveniente de terceiros); e b) parcial, quando a mãe substituta gesta um embrião que contém o seu material genético, p.ex., ao aceitar ser inseminada por um espermatozóide que não é proveniente do seu cônjuge ou companheiro a fim de ajudar outra mulher a se tornar mãe através de seu ventre. Nota-se que desta verdadeira "co-

---

[98] Por contracepção entende-se o conjunto de métodos que visam prevenir a fecundação do óvulo pelo espermatozóide ou impedir a nidação do óvulo fecundado.
[99] KNOPPERS/LE BRIS, in: Hottois/Parizeau, *Dicionário da bioética*, p. 277.
[100] Idem, ibidem.

laboração ou solidariedade reprodutiva" podem surgir curiosamente três classes de mãe envolvidas: a mãe genética, fornecedora do óvulo; a mãe gestacional, que efetivamente gesta o nascituro; e a mãe social, que, diante da sua eventual incapacidade reprodutiva, poderá socorrer-se do auxílio das "mães" anteriores. De acordo com o Conselho Federal de Medicina,[101] "as clínicas, centros ou serviços de reprodução humana podem usar técnicas de RA para criarem a situação identificada como gestação de substituição, desde que exista um problema médico que impeça ou contra-indique a gestação na doadora genética". Ademais, "as doadoras temporárias do útero devem pertencer à família da doadora genética, num parentesco até o segundo grau, sendo os demais casos sujeitos à autorização do Conselho Regional de Medicina".

1.4.4. Aspectos jurídico-penais

O direito penal brasileiro ainda não conta com nenhum dispositivo específico sobre a matéria, embora já tenha havido alguma tentativa para isso no passado[102] e estejam atualmente tramitando no Congresso Nacional dois projetos de lei que dispõem sobre o tema da reprodução assistida,[103] estabelecendo infrações penais. Não obstante, poderíamos outrossim perquirir se alguns dos abusos relacionados com as tecnologias reprodutivas poderiam eventualmente se enquadrar em alguns dos tipos penais já existentes, seja da parte especial ou da legislação complementar.

Dentre os possíveis abusos porventura passíveis de incriminação e/ou punição que podem decorrer das técnicas de reprodução assistida podemos mencionar os seguintes:

1.4.4.1. Reprodução assistida sem consentimento

O primeiro problema que se coloca nesta ordem de análise é a possibilidade de ocorrer a realização de alguma das técnicas de reprodução as-

---

[101] CFM, *Resolução* 1.358/1992, VII, I.

[102] Em 1969, no projeto de Nelson Hungria (Decreto-Lei 1.004/1969) – que não chegou a entrar em vigor –, estava tipificada a técnica de inseminação artificial heteróloga sob a epígrafe "Fecundação artificial" (art. 268), no capítulo dedicado aos crimes contra o estado de filiação, no título que trata dos crimes contra a família. Previa a pena de prisão de até dois anos de prisão para a mulher casada que permitisse a sua inseminação artificial com sêmen de terceiro, sem o consentimento do marido, sendo que mais tarde a Lei 6.016/1973, que alterou o aludido decreto-lei que criaria o Código penal, trouxe a novidade do *nomen iuris* "inseminação artificial". Ademais, esta incriminação – que pretendia proteger a estabilidade do casamento e a filiação legítima contra a incerteza da prole – passou a constar no art. 267 ao invés do art. 268 como era previsto anteriormente. Por outro lado a inseminação artificial de mulher não casada (solteira, viúva, ou divorciada) não era considerada criminosa. Hoje em dia, contudo, a proibição jurídico-penal da inseminação (ou mesmo da FIVETE) heteróloga é totalmente descabida e incapaz de ser sustentada seriamente, desde que obviamente seja respeitado o consentimento do casal (cônjuges/companheiros).

[103] CONGRESSO NACIONAL, PL 1.184/2003 e PL 1.135/2003 (apensado ao PL 2.855/1997).

sistida sem que haja o consentimento de alguém (vítima), seja este a mulher ou o homem. Desta forma, a chamada reprodução assistida não consentida pode recair sobre a mulher receptora e/ou sobre os doadores (fornecedores do material genético) envolvidos com esta biotécnica.

1.4.4.1.1. Reprodução assistida sem consentimento da mulher (receptora)

A primeira das hipóteses reprováveis diz respeito à realização das técnicas de reprodução assistida aludidas (IA ou FIVETE) – homóloga, heteróloga ou extraconjugal – sem se obter o devido consentimento da receptora (mulher casada ou solteira) que será beneficiária em relação a uma eventual transferência de esperma e/ou de embriões ao seu aparelho reprodutivo.

Alguns países, nomeadamente Espanha, Portugal e Alemanha, dispõem de um tipo incriminador específico para esta conduta, cada um a sua maneira. O Código penal espanhol (art. 161.1) cominando a pena de prisão de dois a seis anos, e inabilitação especial para emprego ou cargo público, profissão ou ofício, de um a quatro anos, proíbe a prática da "reprodução assistida" na mulher, sem o seu consentimento. Igualmente, o Código penal português (art. 168) proíbe, com pena de prisão de um a oito anos, a "procriação artificial" em mulher sem o seu consentimento. Já a lei alemã de proteção aos embriões, cominando a pena de prisão de até três anos ou multa, proíbe como "transferência arbitrária de embriões" (*Eigenmächtige Embryoübertragung*) a conduta de "empreender a transferência de um embrião a uma mulher sem o seu consentimento".[104] Saliente-se que todas estas incriminações visam proteger a liberdade individual (*liberdade procriativa*)[105] da mulher, que de maneira alguma pode ser desrespeitada em sua autonomia de decidir "se, quando e como quer ser mãe".[106]

Por outro lado, não obstante inexista no ordenamento jurídico-penal brasileiro um tipo penal desta categoria,[107] cabe contudo indagar se a repro-

---

[104] EschG § 4º (1), 2.

[105] Segundo ROMEO CASABONA (*Los delitos contra la vida y la integridad personal y los relativos a la manipulación genética* p. 323-324), a liberdade procriativa é o único bem jurídico protegido neste tipo de crime, devendo rechaçar-se outros bens como a "integridade ou saúde da mãe", pois a gravidez é um fenômeno fisiológico mesmo que tenha sido provocado por meios técnicos; e a "liberdade sexual da mulher", já que estas técnicas supõem uma evidente dissociação entre o ato sexual e a reprodução propriamente dita. No entanto, para CUESTA AGUADO (*La reproducción asistida humana sin consentimiento: aspectos penales*, p. 74 e 128), o bem jurídico protegido seria "a não instrumentalização da reprodução humana no âmbito da reprodução assistida"

[106] GUIMARÃES, *Alguns problemas jurídico-criminais da procriação medicamente assistida*, p. 31.

[107] Entretanto, o Projeto de Lei 1.184/2003 prevê como crime, cominando a pena de reclusão, de um a quatro anos, e multa, a seguinte conduta: "praticar a reprodução assistida sem obter o consentimento livre e esclarecido dos beneficiários (...) na forma determinada nesta lei ou em desacordo com os termos constantes do documento de consentimento por eles assinado" (art. 19, II). Já o Projeto de Lei 1.135/2003, prevê como crime: "praticar a reprodução humana assistida sem a obtenção do consenti-

dução assistida sem consentimento da receptora pode ser alcançada pelos tipos penais já existentes na nossa legislação.

Num primeiro momento, cabe referir que tal conduta, em princípio, só pode ser praticada por médicos especializados (crime próprio),[108] e o bem jurídico aqui implicado – como foi dito antes – é a *liberdade procriativa* da mulher. A ofensa a este bem jurídico resulta da inobservância à livre manifestação de vontade da ofendida que, ao ser submetida por erro, fraude ou coação a uma IA (com a inseminação de sêmen do marido/companheiro ou de um terceiro) ou a uma FIVETE (com a transferência de embriões congelados originados de gametas de seu marido/companheiro, ou com a transferência de embriões produzidos a partir de gametas de terceiros), torna-se vítima de um verdadeiro "estupro biotecnológico".

Todavia, não seria possível a sua tipificação no correlativo e tradicional crime de estupro (art. 213 do CP), por definitivamente inexistir qualquer "conjunção carnal" (introdução – parcial ou total – do pênis na vagina) na conduta praticada, sendo tal elemento indispensável para a caracterização deste delito. Aliás, é inadmissível em sede de direito penal qualquer interpretação analógica extensiva (e desfavorável) neste caso. Restaria assim, inicialmente, a possibilidade de sua tipificação no crime de constrangimento ilegal (art. 146 do CP), desde que no entanto a intervenção seja realizada mediante coação física ("violência") ou moral ("grave ameaça"), ou por "qualquer outro meio" fraudulento capaz de reduzir a capacidade de resistência da vítima (*v.g.*, através do emprego de álcool, anestésicos, narcóticos, hipnose, etc. –) como prevê o tipo em questão.[109] Todavia, e em segundo lugar, poderíamos pensar também no tipo de lesões corporais (art. 129 do CP), já que a integridade física ou a saúde da mulher pode ser também ofendida pela conduta praticada pelo agente, sobretudo quando este tenha obtido êxito na realização da transferência dos gametas e embriões, com a conseqüente produção da gravidez na vítima.[110] Enfim, pode-se suscitar, ainda, a hipótese de tipificação da reprodução assistida sem consentimento da mulher no crime de injúria real (art. 140, 2º do CP), desde que o agente queira ofender a honra subjetiva (decoro ou dignidade) da vítima através das manipulações ginecológicas praticadas no seu ventre, utilizando-a como mero instrumento para os mais variados fins (comerciais, científicos, etc).

---

mento livre e esclarecido dos beneficiários (...) na forma determinada nesta lei", cominando a pena de reclusão, de dois a quatro anos, e multa (art. 24).

[108] Por outro lado, o Projeto de Lei 1.184/2003, considera crime, cominando a pena de detenção, de um a três anos, e multa, a seguinte conduta: "praticar a reprodução assistida sem estar habilitado para a atividade" (art. 19, I).

[109] Mesmo que eventualmente exista o consentimento do marido ou companheiro da mulher, este será considerado absolutamente irrelevante para determinar a tipificação ou não no art. 146 do CP.

[110] Todavia, por ser um fenômeno fisiológico normal na vida das mulheres, é discutível que a gravidez seja considerada uma lesão corporal propriamente dita.

1.4.4.1.2. Reprodução assistida sem consentimento do doador e/ou depositante (mulher/homem/casal)

Uma outra variação abusiva das tecnologias reprodutivas à *liberdade procriativa* envolve a prática de técnicas de reprodução assistida sem que tenha havido o consentimento do doador. Isso pode acontecer em duas situações distintas: 1) *na coleta do material genético*, isto é, quando são coletados os gametas da vítima (homem, mulher ou casal), mediante fraude ou coação; e 2) *na própria realização da reprodução assistida*: a) quando ocorrer a fecundação do óvulo por IA (homóloga ou heteróloga) com o consentimento da mulher receptora, mas sem o consentimento do seu marido/companheiro; b) quando ocorrer a fecundação do óvulo por FIV (homóloga ou heteróloga) seguida de transferência de embriões (FIVETE) com o consentimento da mulher receptora mas sem o consentimento do seu marido/companheiro; e, finalmente, c) quando ocorrer uma FIV, sem o consentimento dos genitores (casal), com o material genético que foi por eles depositado num determinado biobanco (clínica, centro ou serviço de reprodução humana).

Inicialmente, vale referir que a lei alemã de proteção aos embriões, punindo com pena de prisão de até três anos ou multa, prevê expressamente esta última hipótese referida (2, c). Sob o título de "fecundação arbitrária" (*Eigenmächtige Befruchtung*), a lei daquele país proíbe a "'fecundação artificial' (*künstliche Befruchtung*) de um óvulo sem que a mulher cujo óvulo é fecundado e o homem cujo espermatozóide é utilizado para a fecundação tenham consentido para isso".[111] Por sua vez o Código penal francês (arts. 511-11 e 511-25, respectivamente) pune, com pena de prisão de dois anos e multa, a coleta ou extração de gametas de uma pessoa para aplicação de uma técnica de reprodução assistida sem proceder aos testes de detecção de enfermidades transmissíveis exigidos na Lei de Saúde Pública (art. 665-15); assim como a coleta, o tratamento, a conservação e a cessão de gametas provenientes de doações em desacordo com a Lei de Saúde Pública (art. 673-5).

A legislação penal brasileira não dispõe de tipos incriminadores específicos como este para tratar desta e das demais situações mencionadas, cabendo, contudo, indagar se os tipos penais existentes na nossa lei podem ou não abarcar tais condutas abusivas.

No primeiro caso mencionado (1), sem dúvida, incidiria o agente no crime de constrangimento ilegal (art. 146 do CP) sem maiores problemas, ou ainda, subsidiariamente e dependendo do caso, no crime de injúria real (art. 140, 2º do CP), desde que o agente ofenda a vítima em sua honra subjetiva pela coleta arbitrária do seu material genético[112]. De outro lado, se

---

[111] EschG § 4º(1), 1.
[112] Aliás, o Projeto de Lei 1.184/2003, prevê como crime, cominando a pena de reclusão, de um a quatro anos, e multa, a seguinte conduta: "praticar a reprodução assistida sem obter o consentimento livre e

por acaso houver beneficiários deste material genético coletado indevidamente e estes, para fins de registro civil, se declararem pais de determinada criança nascida que, na verdade, não seria sua, mas de um terceiro (ou de terceiros) – genitor (es) do material genético –, poderão os mesmos incidir no crime de registro de filho alheio (art. 242 do CP), cujo bem jurídico protegido é o *estado de filiação*. Por último, e no caso de ser extraído sêmen ou óvulo de um cadáver, sem que este tenha manifestado o consentimento em vida (*inter vivos*), ou sem o consentimento dos seus familiares, poderíamos cogitar a hipótese de crime de destruição (parcial) ou subtração (parcial) de cadáver (art. 211 do CP), sendo que aqui o bem jurídico ofendido seria o *sentimento de respeito* pelos mortos.

No que se refere à segunda hipótese, tanto em relação aos dois primeiros casos (2, a, b) – em que não é observado o consentimento do marido/companheiro, embora a mulher (esposa/companheira) tenha consentido para a prática da IA ou FIV (TE) –, como no que tange à terceira situação (2, c) que foram antes descritos, estas seriam condutas atípicas perante a lei penal brasileira, embora possam igualmente ofender a *liberdade procriativa* dos cônjuges (2, c), e do marido/companheiro (2, a, b), pois o material genético (gametas/embriões) destes também é uma expressão do direito de autodeterminação das pessoas em decidir livremente sobre o momento e a forma de se reproduzir e se perpetuar através dos filhos.

1.4.4.2. Comercialização de gametas e embriões

Em primeiro lugar, cumpre ressaltar que a regulação jurídica do intercâmbio de produtos do corpo humano depende muito da concepção que as sociedades têm do papel da liberdade e a relação que cada sociedade mantêm com a filosofia da economia de mercado. Enquanto que para os anglo-americanos a liberdade de cada um sobre o seu corpo é um princípio constitucional que deve sofrer o mínimo de interferência por parte do Estado, os sistemas continentais visam proteger o indivíduo, limitando *a priori* o poder que ele exerce sobre si próprio em nome de certos valores como a ordem pública e o respeito à dignidade humana.[113] O Brasil parece seguir mais esta última posição.

---

esclarecido (...) dos doadores na forma determinada nesta lei ou em desacordo com os termos constantes do documento de consentimento por eles assinado" (art. 19, II). Já o Projeto de Lei 1.135/2003 prevê como crime: "praticar a reprodução humana assistida sem a obtenção do consentimento livre e esclarecido (...) dos doadores, dos depositantes e de seus cônjuges ou companheiros, se houver, na forma determinada nesta lei", cominando a pena de reclusão, de dois a quatro anos, e multa (art. 24).

[113] Nesse sentido, HERMITTE, in: Hottois/Parizeau, *Dicionário da bioética*, p. 73-77. Segundo HERMITTE, as sociedades estão presas a duas evoluções: a do corpo-objeto e a do corpo-sujeito. Respectivamente, uma tendência para coisificação do corpo humano e de seus produtos, e uma tendência oposta para a sua psicologização (relação de identidade entre o sujeito e as partes do seu corpo), cf.idem, ibidem, p. 80.

Como se sabe, sangue, órgãos e tecidos, proteínas, hormônios, ossos, etc. são materiais biológicos interessantes para finalidades de tratamento e experimentação científica. Todavia, o corpo humano e seus produtos constituem-se numa rica fonte de matéria-prima, podendo inclusive tornarem-se lucrativos para o mercado. Diante disso, a possibilidade de utilização do material genético humano (genes e gametas), de embriões e do ventre para fins puramente comerciais levanta sérias questões no âmbito jurídico-penal, já que isso pode afrontar seriamente a dignidade humana.

Assim, primeiramente, a Constituição Federal (art. 199, § 4º) estabelece que a lei disporá sobre as condições e os requisitos que facilitem a remoção de órgãos, tecidos e substâncias humanas para fins de transplante, pesquisa e tratamento, bem como a coleta, processamento e transfusão de sangue e seus derivados, *sendo vedado todo tipo de comercialização"* (grifo nosso).

No âmbito do direito civil, dentre os vários direitos da personalidade salienta-se o direito ao corpo como um bem da personalidade que deve ser tutelado pelo direito, pois o corpo – formado pelos membros, órgãos, tecidos, músculos, nervos, células que o estrutura representando a integridade física de uma pessoa – determina o aspecto exterior de alguém e sem ele não existimos fisicamente no mundo jurídico. De fato, a doutrina dominante em matéria de direitos da personalidade é coincidente ao afirmar que o corpo de uma pessoa viva não é uma coisa – descartando-se a possibilidade de que assim possa ser objeto de direitos reais de propriedade –, senão um suporte necessário para que o ser humano exista. Como parte essencial da integridade física do homem trata-se de um bem da personalidade que compreende, para o titular, tanto o corpo animado quanto o inanimado (cadáver), alcançando tanto a forma plástica total, quanto suas partes destacáveis, renováveis ou não.[114]

Embora seja considerado pela doutrina civilista como um direito da personalidade, questiona-se se é possível a disposição do corpo (ou de partes separadas do corpo)[115] e se isto não feriria o princípio de indisponibilidade que é ínsito aos direitos de personalidade. Conforme Curvo Leite, "é

---

[114] CURVO LEITE, *Transplantes de órgãos e tecidos e os direitos da personalidade*, p. 76-78.

[115] Segundo CURVO LEITE (idem, p. 84), é muito controvertida a natureza jurídica do direito às partes separadas do corpo, salientando a autora que, para alguns civilistas (Gangi, Degni, Santoro Passarelli, Edson Ferreira da Silva), uma vez separadas do corpo, estas partes deixariam de ser direito de personalidade para se transformar em direito de propriedade, tornando-se coisas (*res*) no comércio. No entanto, e contrariamente a esta posição, CURVO LEITE não aceita a idéia de que as partes do corpo humano, uma vez dele separadas, possam ser objeto de uma relação de direito real, acreditando a autora que, ainda quando separadas do corpo, as partes serão bens da personalidade e, como tais, pertencerão a uma relação de direito pessoal ou de direito da personalidade. Para CURVO LEITE "resta evidente que tanto o corpo como as partes separadas do corpo são bens fora do comércio, verdadeiros bens da personalidade, típicos de uma relação pessoal ou, porque não dizer, integrantes de uma categoria jurídica autônoma de direitos: os direitos da personalidade" (idem, ibidem, 89).

inegável que o ser humano tem um direito ao seu corpo e que pode exercer este direito até um certo limite.(...) O corpo, apesar de ser um direito da personalidade e ter, portanto, a característica de ser indisponível, possui a particularidade de ser disponível limitadamente".[116]

Neste sentido, o Código Civil estatui que os direitos de personalidade são intransmissíveis e irrenunciáveis (art. 11). "Salvo por exigência médica, é defeso o ato de disposição do próprio corpo, quando importar diminuição permanente da integridade física, ou contrariar os bons costumes" (art. 13), admitindo-se, porém, a disposição do corpo para fins de transplante, na forma estabelecida em lei especial (Lei 9.434/97) e a disposição após a morte, para fins científicos, ou altruísticos.

Assim, como se percebe, tanto a Constituição Federal como o Código Civil proíbem a disposição lucrativa ou comercial do corpo humano e de seus produtos, sendo apenas admitida a disposição gratuita de qualquer material biológico humano e desde que esta disposição não importe diminuição permanente da integridade física ou contrarie os bons costumes e o disposto na Lei 9.434/97.

Quanto ao direito penal propriamente dito, a Lei 9.434/1997 – que dispõe sobre a remoção de órgãos, tecidos e partes do corpo humano para fins de transplante e tratamento – estabelece categoricamente que a disposição de tecidos, órgãos e partes do corpo humano, em vida ou *post mortem*, é permitida, desde que ela seja gratuita. Ademais, está prevista a pena de reclusão, de 3 (três) a 8 (oito) anos, e multa, de 200 (duzentos) a 360 (trezentos e sessenta) dias-multa, para quem comprar ou vender tecidos, órgãos ou partes do corpo humano (art. 15), incorrendo na mesma pena quem promove, intermedeia, facilita ou aufere qualquer vantagem com a transação. Entretanto, ressalva o legislador que, para os efeitos desta lei, não estão compreendidos entre os tecidos humanos o sangue, o esperma e o óvulo (art. 1º, parágrafo único). Desta forma, conclui-se que a eventual comercialização de gametas e de embriões é um fato atípico perante o direito penal brasileiro. No momento existe apenas uma regulamentação deontológica – Resolução CFM 1.358/1992 – estabelecendo que a doação de gametas ou pré-embriões "nunca terá caráter lucrativo ou comercial" (IV, 1). Afora esta resolução – e no que tange ao comércio de embriões especificamente –, há somente a atual Lei de Biossegurança (Lei 11.105/2005) que, no entanto, veda a comercialização de *células-tronco* embrionárias (art. 5º § 3º) e não propriamente a comercialização de *embriões*.[117] Contudo, o Projeto de Lei 1.135/2003, visando preencher esta lacuna, prevê a pena de reclusão de três

---

[116] CURVO LEITE, op. cit., p. 80.

[117] Todavia, a revogada Lei de Biossegurança (art. 13, III da lei 8.974/95) de certa forma incriminava a comercialização de embriões através do seguinte tipo penal: "a produção, armazenamento ou manipulação de embriões humanos destinados a servirem como material biológico disponível".

a seis anos, e multa para quem "comercializar ou industrializar pré-embriões ou gametas humanos" (art. 23).

No direito comparado, alguns países já proíbem penalmente a comercialização de gametas e/ou embriões, como é o caso, por exemplo, da Itália, da França e da Alemanha. O Código penal francês pune com pena de sete anos de prisão e multa "a obtenção, de qualquer forma, de embriões humanos mediante pagamento", sendo que a intermediação no negócio também é punida com as mesmas penas (511-15).[118] Na recente lei italiana, pune-se, com reclusão de três meses a dois anos e multa de 600.000 a 1.000.000.000 de euros, quem, de qualquer modo, realiza, organiza ou divulga a comercialização de gametas ou de embriões,[119] Por fim, na Alemanha, entendendo como "utilização abusiva de embriões humanos", a lei de proteção aos embriões comina a pena privativa de liberdade de até três anos ou multa para quem "alienar um embrião humano produzido extracorporalmente ou que tenha sido extraído do útero antes de se concluir a nidação, ou quem o entregar, adquirir ou utilizar para fim distinto da sua conservação".[120]

1.4.4.3. Maternidade substitutiva e comercialização do ventre

A comercialização do ventre pode ocorrer com a conhecida maternidade substitutiva ou maternidade de substituição,[121] quando, com fins lucrativos, uma mulher aluga temporariamente o seu útero a outra (solteira ou casada) para desenvolver a gestação de um filho, por esta ser estéril ou incapaz de engravidar e/ou gestar. Essa colaboração reprodutiva, pode redundar numa "dupla maternidade", quando a mulher (casada ou não) interessada em ser mãe fornecer o seu material genético (óvulos/embriões) para que a mulher contratada desenvolva a gestação; ou então numa "tripla maternida-

---

[118] O Código penal francês também pune com a mesma pena a "concepção *in vitro* de embriões humanos com fins industriais ou comerciais" (art. 511-17).

[119] PARLAMENTO ITALIANO, *Norme in materia di procreazione medicalmente assitita (Legge 40/2004)*, art. 12, 6.

[120] EschG § 2, 1. No mesmo sentido também segue o PARLAMENTO EUROPEU, sugerindo a sanção legal (sem especificar a natureza) do comércio e do tráfico de embriões (PARLAMENTO EUROPEU, *Resolução sobre fecundação artificial in vivo e in vitro*, de 16/03/1989, n.8, n.11); pedindo que "se puna penalmente toda utilização de embriões ou fetos com fins comerciais e industriais, aplicando-se tanto à produção de embriões fecundados *in vitro* com este fim quanto à importação de embriões ou fetos de terceiros países" (PARLAMENTO EUROPEU, *Resolução sobre os problemas éticos e jurídicos da manipulação genética*, de 16/03/1989, n.38), e sugerindo a proibição (sem especificar a natureza da sanção) do tráfico de embriões crioconservados para fins comerciais ou industriais (idem, ibidem, n.40).

[121] Segundo KNOPPERS/LE BRIS (in: Hottois/Parizeau, *Dicionário da bioética*, p. 276), esta forma de maternidade pode ser assimilada a práticas muito antigas na história da humanidade. Relatam os autores que em Roma, por exemplo, "o aluguel do útero" – *ventrem locare* – era uma situação relativamente corrente. Assim, um homem cuja mulher fosse particularmente fértil, podia "cedê-la" provisoriamente a outro, cuja mulher fosse estéril ou desse a luz a natimortos. Por outro lado – continuam os autores – , ainda há quem evoque com bastante frequência os casos bíblicos, geralmente o de Sara, que, sabendo-se estéril, teria "dado" a sua serva Agar ao marido Abraão para que ela tivesse um filho chamado Ismael.

de" (e dupla maternidade substituta), quando a mulher interessada em ser mãe ("mãe social") – receptora final – recorrer à gestação de outra mulher ("mãe substituta-gestante), mas utilizando material genético fornecido por uma mulher diversa ("mãe substituta-genética").[122] Na realidade, afirma-se que não é tanto a prática em si da maternidade de substituição que coloca problemas éticos e jurídicos, mas antes o seu caráter contratual, sobretudo quando se trata de um contrato a título oneroso; noutras palavras: a maternidade substitutiva não deve necessariamente ser condenada em si; o que deve ser condenado pela ordem jurídica é a sua comercialização, pois o direito não pode suportar a atribuição de um valor econômico ao corpo ou à sua instrumentalização.[123]

Tal problemática não passa despercebida no plano jurídico-penal.

A ilicitude do chamado aluguel da mulher para fins reprodutivos resulta na ofensa em dois sentidos no entender de Mantovani: primeiro, constitui uma grave ofensa à dignidade da mulher, porque, ao se desnaturalizar o nobre papel da maternidade, degrada-se a mulher a mero organismo reprodutor e mercenário, já que é visada uma reparação financeira (lucro) com o aluguel do útero. Trata-se, no dizer de Mantovani, "do comércio do ventre como outras tantas prostituem o sexo". Além disto, mesmo se não houvesse este "meretrício de útero", mas apenas uma locação gratuita ou altruísta, também haveria instrumentalização da mulher como organismo sexual na opinião do autor. Por fim, para Mantovani, há também uma não menos grave ofensa à dignidade e à integridade psíquica do nascido, porque este seria rebaixado a uma *res* comerciável, a um objeto de troca, de contratação e de disputa, podendo sofrer uma crise de sua própria identidade – na verdade, de uma não-identidade – pois, ao nascer, será filho de vários pais (mãe genética, mãe uterina, mãe adotante, pai genético, pai adotante, etc.).[124]

A AIDP condena estas práticas, sugerindo "a proibição do comércio de gametas e embriões e da comercialização da gravidez mediante as denominadas mães substitutas, incluída a publicidade dirigida a ditos acordos".[125] Assim também se manifesta o Parlamento Europeu, que rechaça a

---

[122] Pode acontecer também que a "mãe substituta" seja contratada por um casal para desenvolver a gestação a partir da fecundação do seu próprio óvulo com o sêmen do marido/companheiro.

[123] KNOPPERS/LE BRIS, in: Hottois/Parizeau, *Dicionário da bioética*, p. 278;280. Neste sentido, ponderam as autoras que, entre uma proibição pura e simples e um liberalismo excessivo, é possível um meio termo por intermédio de uma regulação social que legitime o recurso à maternidade de substituição sem com isso reconhecer a sua legalidade. Segundo as mesmas, "se não se afigura desejável enquadrar enquanto tal a maternidade de substituição, transformá-la numa prática juridicamente reconhecida importa, no entanto, garantir ao direito a possibilidade de intervir enquanto força reguladora em caso de violação dos direitos da criança, por exemplo. Ademais, uma proibição total da maternidade de substituição prejudicaria o controle social porque remeteria a prática para a clandestinidade e abriria um espaço a um mercado da oferta e da procura ainda mais selvagem, como já foi possível constatar em matéria de adoção internacional (cf., idem, ibidem, p. .280-281).

[124] Cf. MANTOVANI, *RIDPP* (1986), p. 667-669.

[125] AIDP, *Resoluções do Colóquio Direito penal e modernas técnicas biomédicas* (1988), n.4.5.

gestação de substituição, sugerindo inclusive a proibição legal do comércio de embriões e gametas e a intermediação para este fim.[126]

Vale lembrar que tanto na Alemanha (EschG, § 1, (1), 6. e 7.) como na França (Código penal, art. 227, n. 12) a gestação de substituição está proibida. Urge ressaltar, outrossim, que é sancionada penalmente pelos franceses a conduta de desenvolver uma atividade de intermediação entre os interessados nesse negócio (Código Penal, art. 227, 12, § 3). Por sua vez, a recente lei italiana sobre reprodução humana assistida, pune, com reclusão de três meses a dois anos e multa de 600.000 a um milhão de euros quem, de qualquer forma, realiza, organiza ou divulga a maternidade substitutiva.[127]

No Brasil, o Projeto de Lei 1.184/2003 prevê como crime, com pena de reclusão de um a três anos, e multa, a seguinte conduta: "participar do procedimento de gestação de substituição, na condição de beneficiário, intermediário ou executor da técnica" (art. 19, III). Todavia, o Conselho Federal de Medicina (*Resolução 1.358/1992*) permite a gestação de substituição (doação temporária do útero), desde que exista um problema médico que impeça ou contra-indique a gestação na doadora genética (VII). Ademais, "as doadoras temporárias do útero devem pertencer à família da doadora genética, num parentesco até segundo grau, sendo os demais casos sujeitos à autorização do Conselho Regional de Medicina" (VII, 1), assim como "a doação temporária do útero não poderá ter caráter lucrativo ou comercial" (VII, 2).

1.4.4.4. Produção de embriões para a pesquisa

O próprio desenvolvimento dos procedimentos de FIV e FIVETE requer experimentações em embriões. Para tanto, os cientistas têm utilizado embriões animais e depois humanos nas intervenções a fim de garantir uma certa fiabilidade e previsibilidade no controle da técnica. O mesmo ocorre no desenvolvimento da criopreservação dos embriões excedentários. No entanto, a experimentação embrionária remete para um duplo fenômeno de disponibilidade dos embriões para além do projeto procriativo específico que propõe a FIV (TE). Na realidade, é possível, e relativamente simples no plano técnico, produzir embriões humanos e criopreservá-los por um tempo quase ilimitado, podendo-se, inclusive, criar um banco de embriões disponíveis para propósitos diferentes da procriação mediante FIVETE. Por outro lado, no momento atual das coisas, é difícil tecnicamente saber que óvulos serão fecundados na seqüência da estimulação ovárica, uma vez que se recolhe, de cada vez, um número indeterminado de ovócitos (entre zero a quinze aproximadamente, com uma média de quatro). Em geral, o número

---

[126] PARLAMENTO EUROPEU, *Resolução sobre a fecundação artificial in vivo e in vitro*, de 16/03/89, n.11.

[127] PARLAMENTO ITALIANO, *Norme in materia di procreazione medicalmente assistita* (Legge 40/2004), art. 12, 6.

de embriões transferidos é de mais ou menos três, o que deixa eventualmente alguns embriões disponíveis (embriões excedentários) que serão criopreservados. Por sua vez, estes embriões sobrantes podem ser objeto de uma nova tentativa de FIVETE, ou então serem utilizados para outras finalidades dentre as quais se destaca a sua utilização para a pesquisa.[128] Ademais, a facilidade de produzir embriões e a relativa disponibilidade de um número crescente de embriões excedentários crioconservados são fatores que motivam os cientistas a quererem utilizá-los para os mais diversos fins de pesquisa ou experimentação, sendo possível distinguir duas modalidades de experimentação humana, de acordo com as motivações científicas:[129] a) a experimentação terapêutica, e b) a experimentação não terapêutica.

Diante disso, questiona-se se seria lícito permitir a produção de embriões exclusivamente para as mais diversas finalidades de investigação científica. Além de complexo, o assunto é muito debatido no mundo jurídico na atualidade. Existe, contudo, uma posição amplamente majoritária na Europa que condena a produção de embriões com tal escopo, sendo que inúmeros países já regulamentaram isso penalmente no sentido de proteger os embriões para não transformá-los em "mero material biológico de pesquisa". Busca-se acima de tudo tutelar a *vida humana embrionária*.

Primeiramente, cabe ressaltar que a *Convenção dos direitos do homem e da biomedicina* (Conselho da Europa, 1996) estabelece expressamente que "a criação de embriões para fins de pesquisa está proibida" (art. 18, 2). Neste sentido, segue a legislação penal de alguns países. Na Espanha, o Código penal espanhol pune "quem fecundar óvulos humanos com qualquer fim distinto da procriação", prevendo como sanção a pena privativa de liberdade de um a cinco anos e inabilitação especial para emprego ou cargo público, profissão ou ofício de seis a dez anos (art. 161).[130] A recente lei italiana sobre reprodução assistida proíbe "a produção de embriões humanos para a pesquisa ou experimentação ou outros fins diversos daqueles previstos em lei", sendo esta uma causa de aumento para a pena de reclusão de dois a seis anos e multa de 50.000 a 150.000 euros[131] prevista. Já o Código penal francês, no atual art. 511-18, pune, com pena de prisão de sete anos e multa de 100.000 euros, "a concepção *in vitro* de embriões humanos para fins de pesquisa" (art. 511-18).[132]

---

[128] PARIZEAU, in: Hottois/Parizeau, *Dicionário da bioética*, p. 242.

[129] Sobre estas modalidades de intervenção biomédica, v. SPORLEDER DE SOUZA, *Bem jurídico-penal e engenharia genética humana*, p. 356-368.

[130] Também a AIDP sugere "a proibição do cultivo extra-corpóreo de embriões para além da fase de desenvolvimento alcançada com a nidação natural" e "a proibição de produzir embriões com fins distintos da procriação humana" (AIDP, *Resoluções do Colóquio Direito penal e modernas técnicas biomédicas* (1988), n.4.5).

[131] PARLAMENTO ITALIANO, *Norme in materia di procreazione medicalmente assistita* (Legge 40/2004), art. 13, 3, a c/c art. 13,4.

[132] O Código penal francês foi recentemente modificado pela *Loi relative à la bioétique* (Loi 2004-800).

Por fim, entendendo como "aplicação abusiva das técnicas de reprodução", a lei alemã de proteção aos embriões comina a pena privativa de liberdade de até três anos ou multa para quem "1) possibilitar de modo artificial a penetração de um espermatozóide humano num óvulo humano, ou 2) introduzir artificialmente um espermatozóide humano num óvulo humano sem a intenção de produzir uma gravidez na mulher, da qual o óvulo é proveniente".[133] Ademais, e entendendo por outro lado como "utilização abusiva de embriões humanos", a mencionada lei alemã comina a mesma pena para quem "produzir o desenvolvimento extracorporal de um embrião humano para fim distinto da produção da gravidez".[134]

No Brasil, a Lei 11.105/2005 pune apenas a utilização ilegal de embriões humanos produzidos por fertilização *in vitro* nas pesquisas envolvendo células-tronco embrionárias (art. 24). Ademais, *de lege ferenda* tenta-se resolver esta questão de forma mais genérica. Assim, o Projeto de Lei 1.184/2003 prevê como crime o seguinte: "intervir sobre gametas ou embriões *in vitro* com finalidade diferente das permitidas nesta lei", cominando a pena de detenção, de seis meses a dois anos, e multa (art. 20, I). Nos mesmos termos, o Projeto de Lei 1.135/2003 proíbe a conduta de "fecundar oócito humano, com finalidade distinta da procriação humana", cominando a pena de reclusão de três a seis anos, e multa (art. 22).

1.4.4.5. Produção de seres híbridos e quimeras

Da manipulação de gametas e/ou embriões podem surgir outros abusos oriundos das técnicas de reprodução assistida que dizem respeito à produção de seres híbridos e de quimeras. Isso pode ocorrer da seguinte forma: a) a partir da fusão de embriões (ou pela fusão de uma célula embrionária com outro embrião) – humanos ou não-humanos –, o que resultaria na produção de "quimeras"; ou b) pela fecundação de gametas provenientes de distintos organismos – humanos ou não humanos –, o que resultaria na produção de seres "híbridos". Por sua vez, a hibridação ainda pode ser interespecífica (envolvendo diferentes espécies) ou intra-específica[135] (envolvendo a mesma espécie). Aliás, a chamada hibridação intra-específica (humana) é resultado da utilização dos denominados "coquetéis de gametas", procedimentos nos quais serão mesclados semens provenientes de vários doadores e/ou óvulos provenientes de diversas doadoras.

---

[133] EschG § 1, (2).
[134] EschG 2, (2).
[135] Além de manipulação de embriões e gametas, a hibridação pode ser realizada mediante e manipulação de genes. Neste caso, ela é designada de hibridação gênica. Sobre a hibridação e, em especial sobre a hibridação gênica, v. SPORLEDER DE SOUZA, *Bem jurídico-penal e engenharia genética*, p. 197-200; 271-274.

Visando proteger a *dignidade reprodutiva*,[136] alguns países regulamentaram penalmente tais abusos. A novel lei italiana prevê como crime "a fecundação de um gameta humano com um gameta de espécie diversa e a produção de híbridos ou de quimeras", sendo neste caso aumentada a pena de reclusão de dois a seis anos e multa de 50.000 a 150.000 euros[137]. Já no Reino Unido proíbe-se a "junção (*mix*) de gametas [humanos] com gametas vivos de qualquer animal", cominando a pena de até dez anos de prisão, ou multa, ou ambos[138]. Mais extensamente, a lei alemã de proteção aos embriões proíbe a formação de quimeras e híbridos, cominando a pena privativa de liberdade de até cinco anos ou multa, para quem empreender: "1) a união de embriões numa conjunção celular com informações genéticas distintas utilizando pelo menos um embrião humano, 2) a união de uma célula com um embrião humano que contenha uma informação genética distinta a das células do embrião e que seja suscetível de seguir se diferenciando junto a este, ou 3) a geração de um embrião suscetível de diferenciação fecundando um óvulo humano com sêmen de um animal ou fecundando um óvulo animal com sêmen de um ser humano".[139]

No Brasil, inexiste qualquer previsão típica na legislação penal atual, restando tipificada apenas a hibridação gênica (interespecífica ou intraespecífica), realizada mediante técnicas de engenharia genética, pela Lei 11.105/2005. Afora isso, nenhum dos dois projetos de lei que tramitam no Congresso Nacional trata diretamente da matéria em tela. No entanto, e com algum esforço, poderíamos tipificar a hibridação e o quimerismo no art. 20, I do Projeto de Lei 1.184/2003, que estabelece como crime a seguinte conduta: "intervir sobre gametas ou embriões *in vitro* com finalidade diferente das permitidas nesta Lei", cominando a pena de detenção, de seis meses a dois anos, e multa; ou no art. 22 do Projeto de Lei 1.135/2003 que, ao cominar a pena de reclusão de três a seis anos, e multa, prevê o crime de "fecundar oócito humano, com finalidade distinta da procriação humana".

1.4.4.6. Ectogênese

Dá-se o nome de ectogênese ao desenvolvimento completo de um ser humano fora do útero materno, ou seja, em laboratório (*in vitro*) ou, mais detalhadamente, como prefere Leroy: "é o procedimento técnico por meio do qual a totalidade das etapas do desenvolvimento humano, desde

---

[136] Para KELLER/GUNTHER/KAISER (*Embryonenschutzgesetz*, p. 239), referindo-se ao § 7 (formação de quimeras e híbridos) da lei alemã de proteção aos embriões, o bem jurídico protegido seria a própria dignidade humana enquanto tal.

[137] PARLAMENTO ITALIANO, *Norme in materia di procreazione medicalmente assistita* (Legge 40/2004), art. 13, 3, d c/c art. 13, 4.

[138] *Human Fertilisation and Embryology Act* (1990), Section 4, n.1, c c/c Section 41, n.1, a, b.

[139] EschG § 7, (1).

a fecundação até o nascimento, se realizaria em laboratório, sem recurso ao acolhimento num organismo materno".[140] Podemos, porém, ampliar esta noção de ectogênese para outras hipóteses, além propriamente do desenvolvimento do ser humano em ambiente artificial (*in vitro*). Assim, em nosso entender, a ectogênese está relacionada também com possibilidade de gestação no homem, bem como à gestação em animais, podendo então a ectogênese ser melhor designada nestes casos como ectogênese masculina e ectogênese animal, respectivamente. Aliás, a ectogênese animal e a gestação humana de animais podem levar a cabo a produção de seres híbridos e de quimeras.

A possibilidade futura de o nascituro ser gestado em animais (ou vice-versa: a gestação humana de um embrião animal), em laboratório (através máquinas ou aparelhos)[141] e no homem (gravidez masculina)[142] causam perplexidades que se traduzem em manifestações jurídicas no sentido da incriminação de algumas condutas pertinentes por ofenderem a dignidade humana.[143] Visando conter estes abusos – que ofendem mais propriamente a *dignidade reprodutiva* –, a legislação penal alemã e inglesa tipificaram a hipótese relacionada à ectogênese animal e, vice-versa, referente à gestação humana de um animal.[144] Por outro lado, na Itália, a ectogênese é punida, seja para fins reprodutivos, seja para fins de pesquisa, com aumento de pena em relação à reclusão de dois a seis anos e multa de 50.000 a 150.000 euros[145] prevista.

No Brasil, não há uma previsão legislativa para tais condutas, muito menos qualquer projeto de lei em tramitação no Congresso Nacional que

---

[140] LEROY, in: Hottois/Parizeau, *Dicionário da bioética*, p. 181. Explica o autor que, enquanto nos ovíparos o desenvolvimento embrionário e a eclosão de um organismo materno podem se desenvolver fora do organismo materno, nos mamíferos a autonomia fisiológica só se realiza ao cabo de uma gestação prolongada no útero da mãe. Aduz ainda LEROY que a fecundação e a cultura *in vitro* conseguem reproduzir a etapa inicial deste processo em laboratório, mas em relação aos estágios posteriores do desenvolvimento embrionário as tentativas científicas não vêm obtendo bons resultados e freqüentemente desembocam na produção de embriões anormais e/ou inviáveis, concluindo o autor que, no momento, a ectogênese experimental de mamíferos não se revela exeqüível pela biociência (idem, ibidem, p. 181-182).

[141] O CONSELHO DA EUROPA reprova este procedimento através da *Recomendação* 1046 (1986), n.14, A, iv. Sobre as implicações jurídico-penais da ectogênese, vide, HILGENDORF, *MedR* (1994), p. 428-432.

[142] Sabe-se – explica DE LA FUENTE – que, ocasionalmente, o embrião pode implantar-se primária ou secundariamente na cavidade peritoneal da mulher e desenvolver-se plenamente; este tipo de gestação denomina-se "gestação abdominal" e teoricamente existe a possibilidade de transferir um embrião dentro da cavidade abdominal do homem (DE LA FUENTE, in: Barbero Santos (Ed.), *Ingeniería genética y reproducción asistida*, p. 101).

[143] Assim entende MANTOVANI, in: Romeo Casabona (Ed.), *Biotecnología y derecho*, p. 261. Aliás, o projeto para o novo Código penal italiano (Título IV, capítulo IV) prevê a incriminação destas condutas visando proteger justamente a dignidade humana. No entanto, a nosso sentir o bem jurídico protegido em tais casos trata-se da *dignidade reprodutiva*.

[144] Vide EschG, § 7, (2), n.1 e n.2 ; *Human Fertilisation and Embryology Act* (1990), Section 3, n.2, a, b; Section 3, n.3, b. Neste sentido, se manifesta o CONSELHO DA EUROPA, *Recomendação* 1046 (1986), n.14, A, iv.

[145] Legge 40/2004, art. 13, n.3, c.

verse especificamente sobre isso o que, diga-se de passagem, seria muito bem-vindo. Pode-se, no entanto, cogitar a tipificação da ectogênese no mencionado art. 20 do Projeto de Lei 1.184/2003.

1.4.4.7. Reprodução assistida póstuma (post mortem)

A possibilidade científica de geração de filhos após a morte dos pais tornou-se viável com o advento das técnicas de reprodução assistida, em especial devido ao desenvolvimento das práticas de crioconservação (ou criopreservação) de gametas e de embriões em laboratórios especializados, pois atualmente os biobancos podem manter armazenado este tipo de material genético congelado por muito tempo, mesmo que os genitores que inicialmente o depositaram em vida (*inter vivos*) já tenham morrido.

No entanto, além de implicar problemas e indagações no âmbito do direito civil (particularmente no direito de família e sucessões), também há uma preocupação de cunho jurídico-penal quanto a esta questão, sobretudo no sentido de se proteger o bem-estar (*saúde psíquica*) da futura criança que, de forma programada, nascerá sem que exista a figura do pai ou da mãe (reprodução assistida póstuma parcial), ou então de ambos genitores (reprodução assistida póstuma total). Noutras palavras, caberia questionar se seria admissível juridicamente a geração induzida de filhos quando um dos pais ou ambos já sejam sabidamente falecidos? Será que exercício ilimitado do direito à liberdade procriativa por parte dos pais não poderia ser prejudicial do ponto de vista dos interesses dos filhos?

Segundo Mantovani, a reprodução assistida *post mortem* contrasta com o direito do nascituro de "ter dois pais" e esta deficiência pode ter efeitos sobre o seu equilíbrio psíquico, ou melhor dizendo, sobre sua *saúde psíquica*. Além do mais, para o autor mencionado aquele primado (direito de ter dois pais) encontra fundamento sobre bases antropológicas e solidarísticas: a) de assegurar o mais integral desenvolvimento da criança, já que as ciências psico-pedagógicas consideram indispensável para o desenvolvimento da personalidade do indivíduo a presença do progenitor masculino; b) de assegurar o cumprimento mais pleno das obrigações fundamentais de manutenção, instrução, educação dos filhos, pois se presume que os mesmos estejam mais satisfeitos com a presença dos dois progenitores.[146]

Neste sentido, a lei alemã de proteção aos embriões prevê a proibição da reprodução assistida póstuma (parcial) punindo, com pena privativa de liberdade de até três anos ou multa, quem "propositalmente, fertilize artificialmente um óvulo com o sêmen de um homem após a sua morte".[147]

---

[146] MANTOVANI, *RIDPP* (1986), 676-677; idem, *RDGH* (1994), p. 111,113.

[147] Vide EschG, § 4, (1), n.3. No mesmo diapasão, a Associação Internacional de Direito Penal manifesta-se pela "restrição da fecundação *post-mortem*" (AIDP, *Resoluções do Colóquio Direito penal e*

Todavia, cabe frisar que há a possibilidade de ocorrer a reprodução assistida póstuma não só em relação ao pai falecido, mas também quando a mãe ou ambos os pais estejam mortos. Porém, estes casos implicariam, necessariamente, a gestação por uma outra mulher que não a genética (gestação substitutiva) para que os embriões eventualmente por eles armazenados possam seguir o seu desenvolvimento até chegar ao nascimento.

No Brasil, no entanto, não há norma incriminadora específica a respeito da reprodução assistida póstuma (total ou parcial), sendo que esta conduta também não pode ser tipificada nos atuais crimes previstos na nossa legislação penal, sobretudo porque a *saúde psíquica* do nascituro não é um bem jurídico-penal protegido no ordenamento brasileiro, muito embora já existam algumas propostas legislativas tramitando no Congresso Nacional que visam preencher esta lacuna de alguma forma.[148]

Todavia, a reprodução assistida póstuma ainda não encontrou uma solução jurídica na maioria dos países (inclusive no caso de o falecido ter dado o seu consentimento a tal prática por testamento), sendo, por outro lado, muito discutível a sua eventual proibição pela via do direito penal,[149] sem prejuízo de que outros ramos do ordenamento jurídico (sobretudo, o direito civil) possam regulá-la satisfatoriamente, no sentido de resguardar o bem-estar do nascituro para que este não comece a ser utilizado, abusivamente, apenas como símbolo de um matrimônio infelizmente desfeito pelo destino, ou para fins puramente egocêntricos de auto-realização pessoal por parte dos pais.

1.4.4.8. Destruição e lesão de embriões produzidos por fertilização "in vitro"

Com o advento das tecnologias reprodutivas abrem-se novas possibilidades de se atingir o nascituro. As ofensas podem ocorrer tanto dentro do organismo materno (*in utero*) como fora do organismo materno (*ex utero*).

1.4.4.8.1. Destruição e lesão "in utero"

Enquanto a destruição dolosa[150] do nascituro localizado dentro do ventre materno, provocada por médico, pode configurar a hipótese de aborto

---

modernas técnicas biomédicas (1988), n.4.5).

[148] O Projeto de Lei 1.184/2003 prevê como crime, com pena de reclusão, de um a três anos, e multa, "utilizar gametas de doadores ou depositantes sabidamente falecidos, salvo na hipótese em que tenha sido autorizada, em documento de consentimento livre e esclarecido, ou em testamento, a utilização póstuma de seus gametas" (art. 19, VI).

[149] Neste sentido, contrariamente à intervenção do direito penal na reprodução assistida póstuma, ESER, in: Barbero Santos (ed.), *Ingeniería genética y reproducción asistida*, p. 279; GUIMARÃES, *Alguns problemas jurídico-criminais da procriação medicamente assistida*, p. 41.

[150] A destruição culposa do nascituro também pode ser tipificada no direito penal brasileiro, desde que seja resultado qualificado de um crime de lesão corporal (art. 129, § 2º, V do CP).

provocado por terceiro (arts. 125 e 126 do CP), a eventual lesão ao mesmo constitui fato atípico no nosso ordenamento jurídico, ao contrário de outros países. Espanha e a Colômbia, por exemplo, já contêm um tipo penal especifico de "lesões ao feto" (CP espanhol, art. 157; CP colombiano, arts. 125 e 126), constituindo-se numa novidade sem precedentes no direito comparado. Segundo Romeo Casabona, cada vez são mais imagináveis as hipóteses de intervenções no *nasciturus* que podem afetar a sua integridade corporal ou psíquica. São relativamente freqüentes as ações que se produzem nos momentos imediatamente anteriores ao parto, na preparação ou assistência ao mesmo ou durante o curso da gravidez, podendo como conseqüência decorrer lesões que se manifestarão após o nascimento do nascituro, não cabendo dúvidas a respeito da oportunidade de incriminação de tal conduta, seja na forma dolosa ou mesmo culposa.[151]

É relevante salientar que a destruição do nascituro *in utero* pode ocorrer por diversas formas (p.ex., injeção de ar no coração do feto provocando uma embolia, colheita de sangue no coração, injeção intracardíaca de sais de potássio, etc.).[152] No entanto, e no que concerne à reprodução assistida especificamente, a destruição do nascituro *in utero* pode ocorrer através da denominada redução embrionária, que é muito utilizada na FIV ou FIVETE. Segundo Parizeau, "o termo 'redução embrionária' designa a técnica para diminuir *in utero* o número de embriões ou de fetos no caso de uma gravidez múltipla".[153] Verifica-se, portanto, que a redução embrionária está intrinsicamente ligada ao crescimento acelerado da utilização FIV e da FIVETE, e em ocorrendo gravidezes múltiplas estas podem trazer sérias conseqüências negativas para a mãe (aborto espontâneo precoce, parto prematuro, hipotrofia gravídica, etc.). Cabe mencionar, ainda, que os riscos de ocorrência de gestações múltiplas são diretamente proporcionais ao número de embriões que serão transferidos ao útero. Por isso, vem se sugerindo a limitação do número de embriões para até quatro, pois parece que a transferência embrionária acima desta quantidade aumenta consideravelmente as chances de ocorrência das gravidezes múltiplas.

No que tange à problemática em tela, alguns países vem tentando resolvê-la de alguma forma.

Na Alemanha, a lei de proteção aos embriões, entendendo como "aplicação abusiva das técnicas de reprodução", proíbe as condutas de "empreender a transferência a uma mulher de mais de três embriões dentro de um mesmo ciclo", e de "empreender a fecundação por transferência intratubárica de gametas em mais de três óvulos dentro de um mesmo ciclo", comi-

---

[151] ROMEO CASABONA, *Los delitos contra la vida y la integridad pesronal y los relativos a la manipulación genética*, p. 251-252, 255-256.
[152] Cf. PARIZEAU, in: Hottois/Parizeau, *Dicionário da bioética*, p. 326.
[153] PARIZEAU, in: Hottois/Parizeau, *Dicionário da bioética*, p. 326.

nando a pena privativa de liberdade de até três anos ou multa para ambas.[154] Na Itália, proíbe-se expressamente, com pena de reclusão de até três anos, "a redução embrionária da gravidez múltipla, salvo no caso previsto na lei de 22 de maio de 1978, n° 194".[155]

No Brasil, inexiste legislação penal específica sobre a matéria, e nos casos de redução embrionária recorre-se à conhecida figura do aborto.[156] De outra banda, há apenas uma regulamentação de natureza deontológica do Conselho Federal de Medicina, dispondo que "o número ideal de oócitos e pré-embriões a serem transferidos para a receptora não deve ser superior a quatro, com o intuito de não aumentar os riscos já existentes de multiparidade". E "em caso de gravidez múltipla, decorrente do uso de técnicas de RA, é proibida a utilização de procedimentos que visem a redução embrionária".[157] De qualquer forma, os projetos de lei que tramitam no Congresso Nacional visam preencher algumas destas lacunas. O Projeto de Lei 1.184/2003 proíbe, taxativamente, as seguintes condutas sobre FIV e FIVETE: "implantar mais de dois embriões na mulher receptora" e "produzir embriões além da quantidade permitida", cominando a pena de um a três anos, e multa para ambos crimes (art. 19, VII, IX).

1.4.4.8.2. Destruição e lesão "ex utero"

A destruição e a lesão de embriões também podem dar-se em embriões que estão fora do organismo materno, sobretudo naqueles embriões considerados excedentários. Como se sabe, a gravidez induzida por FIV e FIVETE obtida com sucesso pode trazer o problema dos embriões sobrantes, que não serão mais transferidos nem implantados. Por conseguinte, a eventual sobra de embriões decorrente das técnicas de reprodução assistida (crioconservação, FIV, FIVETE e seleção de sexo)[158] pode resultar na destruição dos mesmos. Diante disso, caberia questionar se tal conduta é típica perante o nosso ordenamento jurídico.

---

[154] EschG § 1, (1), 3. e 4., respectivamente.

[155] PARLAMENTO ITALIANO, *Norme in materia di procreazione medicalmente assistita (Legge 40/2004)*, art. 14, 6.

[156] De qualquer forma, o Projeto de Lei 1.184/2003 visa regulamentar autonomamente a redução embrionária, proibindo, com penas diversas, as seguintes condutas: "praticar o médico redução embrionária, com consentimento, após a implantação no organismo da receptora, salvo nos casos em que houver risco de vida para a mulher", cuja pena é de reclusão de um a quatro anos (art. 20, IV); e "praticar o médico redução embrionária, sem consentimento, após a implantação no organismo da receptora, salvo nos casos em que houver risco de vida para a mulher", cominando a pena de reclusão de três a dez anos (art. 20, V).

[157] CFM, *Resolução* 1.358/1992, I, 6 e 7.

[158] Embora também possa redundar na destruição (ou mesmo lesão) de embriões produzidos *in vitro*, por motivos metódico-sistemáticos não vamos aqui tratar da chamada seleção de sexo, já que esta questão – embora envolva concomitantemente as técnicas de reprodução assistida – é didaticamente preferível de ser analisada em relação ao diagnóstico genético pré-implantacional (ou pré-implantatório). Diante disso, sobre a seleção de sexo, v. *infra* 2.5.2.

Logo de cara poderíamos pensar na hipótese de aborto. No entanto, e apesar de a vida humana embrionária ser ofendida por tal prática, o crime de aborto não pode abranger esta situação fática, pois o mesmo está relacionado apenas com a morte causada ao embrião humano intra-uterino, que está localizado dentro do ventre materno, sendo indispensável esta condição para o reconhecimento de tal figura típica. Assim, por impossibilidade de interpretação analógica *in malam partem* e em respeito ao princípio *nullum crimen sine lege stricta*[159] – alguns autores[160] vêm sugerindo a ampliação da proteção penal com a criação dos "crimes de embrionicídio", ou seja, causar a destruição de um ou mais embriões obtidos *in vitro*, já que esta conduta igualmente não pode ser considerada homicídio nos moldes tradicionais de interpretação desta figura típica.[161] Por conseguinte, *de lege ferenda*, seria oportuna a criação de um delito específico para tutelar a *vida humana embrionária* produzida *in vitro*. Aliás, o Projeto de Lei 1.184/2003, preocupado com isso, proíbe, com pena de um a três anos, e multa, o descarte embrionário antes da implantação no organismo receptor (art. 19, XII), e quando o médico deixa de "implantar na mulher receptora os embriões produzidos, exceto no caso de contra-indicação médica" (art. 19, XI).

1.5. CRIMES DECORRENTES DA ANÁLISE GENÔMICA

O Projeto Genoma Humano trouxe várias informações sobre a nossa constituição genética, possibilitando, assim, dentre outras coisas, a capacidade de predição de certas enfermidades através da análise genética ou genômica, a partir do estudo do genoma humano em geral e do genoma de um indivíduo, em particular. Conforme Romeo Casabona "as análises genéticas são um útil instrumento para realizar estudos sobre pessoas ou grupos de população que apresentam um risco de desenvolver uma enfermidade

---

[159] Não se admite em direito penal a *analogia in malam partem* e a ausência de um tipo penal não pode ser suprida por analogia ou interpretação extensiva.

[160] Esta proposta é defendida, entre outros, por MANTOVANI (*RIDPP* (1986), p. 673; idem, in: Romeo Casabona (Ed.), *Biotecnología y derecho*, p. 249 e ss.) e está prevista no projeto legislativo para o novo Código penal italiano de 1992 (Livro I, Título III). No plano constitucional, e aludindo a um "direito fundamental ao nascimento", afirma OTERO que a todo embrião humano deve reconhecer-se este direito, em consequência da inviolabilidade do valor da vida humana e do respeito pela dignidade humana (...)". Segundo o autor, a destruição de embriões sobrantes ou excedentários será sempre a aniquilação de uma forma de vida humana e a ausência de tutela jurídico-criminal de tal comportamento – o designado 'embrionicídio' – configura uma violação por omissão do artigo 24., n.1, da Constituição por gozarem os embriões fecundados *in vitro* de um "direito à implantação uterina" e do subsequente "direito à gestação" (OTERO, *Personalidade e identidade pessoal e genética do ser humano*, p. 50).

[161] Além disso, quanto ao início da gravidez, as opiniões entre os penalistas divergem. Para uns, ele se dá a partir da implantação do óvulo fecundado na cavidade uterina (nidação); para outros, o início da gravidez ocorre desde a fecundação do óvulo pelo espermatozóide.

condicionada geneticamente ou têm, ao menos, uma predisposição em padecer de uma enfermidade, antes que esta tenha expressado algum sintoma".[162] Isso vem causando grandes transformações nas ciências biomédicas sobretudo porque estes rápidos avanços propiciados pelo Projeto Genoma Humano resultaram na expansão do número e dos tipos de diagnósticos genéticos disponíveis. Todavia, além de propiciar inúmeros benefícios, o acesso aos dados genéticos que são obtidos em conseqüência da realização dessas análises pode também resultar em abusos e, conseqüentemente, na ofensa a certos bens jurídico-penais.

Quanto à sua finalidade, podemos dividir o diagnóstico genético em duas modalidades: o diagnóstico genético com fins reprodutivos (diagnóstico genético reprodutivo) e o diagnóstico genético com fins não reprodutivos (diagnóstico genético não reprodutivo). Vamos começar por este último.

1.5.1. Diagnóstico genético não reprodutivo

Como o próprio nome diz, o diagnóstico genético não reprodutivo não está relacionado com a reprodução humana. Esta modalidade de diagnóstico tem como objetivo investigar a saúde atual e futura, as características físicas e psicológicas (comportamentais) e a origem étnica e genealógica de recém-nascidos, crianças, adolescentes e adultos, que podem ser analisados individualmente ou em grupo. Ademais, este diagnóstico é especialmente indicado a pessoas pertencentes a determinados grupos populacionais com maior incidência de certas enfermidades genéticas (p.ex., doença de Tay-Sachs na população judaica, anemia falciforme na população negra afro-americana, etc.), podendo, no entanto, também ter outras aplicações fora do âmbito estritamente biomédico, mormente para finalidades judiciais (p.ex., investigação de paternidade, investigação e identificação de criminosos, de cadáveres, etc.),[163] econômico-financeiras (acesso a empregos, a contratos de seguros e a instituições públicas e privadas) e até mesmo sociopolíticas, através do desenvolvimento de políticas eugênicas.[164]

Dos abusos que podem decorrer do diagnóstico genético não reprodutivo, merecem destaque duas questões problemáticas: a) a coleta, o acesso e o uso arbitrários das informações genéticas sem o devido consentimento do titular;[165] b) a ocorrência de discriminação genética em razão das caracte-

---

[162] ROMEO CASABONA, *Genética y derecho*, p. 67-68. Segundo o mesmo autor, a análise genética utiliza diversas provas (citogenéticas – estudo dos cromossomos – e moleculares – estudo do ADN –), sendo por isso decisiva a participação, junto ao médico, de outros profissionais especializados (cf.idem, ibidem, p. 97).

[163] Estas finalidades estão ligadas à genética forense.

[164] Sobre estes fins da análise genômica, v. HOTTOIS, *RDGH* (1999), p. 31 e ss.

[165] Quanto a isso, aliás, a *Declaração Universal sobre os dados genéticos humanos* (UNESCO, 2003) recomenda que, para a coleta dos dados genéticos humanos, seja ou não invasivo o procedimento utiliza-

rísticas genéticas dos indivíduos, com a conseqüente recusa[166] de empresas empregadoras, seguradoras ou de outros estabelecimentos públicos ou privados em aceitar candidatos com base nas informações genéticas contidas nos seus mapas genômicos.[167]

Estas formas de lidar indevidamente com os dados genéticos humanos podem redundar em ofensas à *intimidade*, à *liberdade*, à *igualdade*, à *privacidade* e à *identidade* dos indivíduos. O Parlamento Europeu condena a discriminação genética e "exige que se proíba de forma juridicamente vinculante a seleção dos trabalhadores segundo critérios genéticos", pedindo ainda que "se proíbam as investigações genéticas prévias à contratação dos trabalhadores de ambos os sexos por parte de empresários com objetivos de caráter médico-laboral". Em relação com a análise do genoma para fins de contratos de seguro, o Parlamento Europeu "considera que a companhia de seguros não tem nenhum direito a obter informação sobre dados genéticos que é do conhecimento do segurado".[168] A Associação Internacional de Direito Penal (AIDP), também preocupada com este desdobramento negativo, sugere que "deverão ser estabelecidas medidas especiais de proteção jurídica para garantir a privacidade dos dados e proibir a discriminação ilícita (por exemplo, no âmbito laboral e na contratação de seguros) baseada no rastreamento ou análise genéticos e (em caso necessário) ditas medidas de proteção deverão estar respaldadas pelo direito penal".[169] O Conselho da Europa[170] e a União Européia[171] igualmente apontam neste sentido ao proibir toda forma de discriminação baseada em razão do patrimônio genético ou das características genéticas de alguém.[172] Em nível mundial, a UNESCO no preâmbulo da *Declaração universal sobre o genoma humano e os direitos humanos* (1997), também repugna estas práticas proclamando no art. 6 que "ninguém poderá ser objeto de discriminações fundadas em

---

do, e para seu ulterior tratamento, utilização e conservação, sejam públicas ou privadas as instituições que se ocupem disso, o consentimento deve ser prévio, livre, informado e expresso da pessoa interessada, sem que incentivos econômicos ou outros benefícios pessoais tratem de influenciar na sua decisão (art. 8).

[166] Ou mesmo demissão de empregados, limitação e descontinuação de cobertura de planos de saúde ou seguro de contratantes ou beneficiários.

[167] Estas informações genéticas seriam obtidas mediante o teste genético (*genetic testing*) ou pelo rastreamento genético (*genetic screening*). Sobre estas duas espécies de diagnóstico genético não reprodutivo e suas diferenças, CAO, in: Reich (ed.), *Encyclopedia of bioethics*, p. 993-994; McEWEN/REILLY, in: idem, p. 1000.

[168] PARLAMENTO EUROPEU, *Resolução sobre os problemas éticos e jurídicos da manipulação genética*, de 16/03/89, n.14; n.16; n.20.

[169] AIDP, *Resoluções do Colóquio Direito penal e modernas técnicas biomédicas*, 1988, n.6.5.

[170] CONSELHO DA EUROPA, *Convenção dos direitos humanos e da biomedicina* (1996), art. 11; *Recomendação 13 (1990)*, princípio 10; *Recomendação 11 (1994)*, Apêndice, n.1.9.

[171] UNIÃO EUROPÉIA, *Carta de direitos fundamentais da União Européia* (2000), art. 21, n.1.

[172] A *Declaração de Bilbao* –Reunião internacional sobre o direito ante o projeto genoma humano (1993), estabelece que "será rechaçada a utilização de dados genéticos que originem qualquer discriminação no âmbito das relações laborais, dos seguros ou em qualquer outro" (n.7).

suas características genéticas, cujo objeto ou efeito seria atentatório contra seus direitos humanos e liberdades fundamentais e o reconhecimento de sua dignidade", pois "cada indivíduo tem direito ao respeito de sua dignidade e direitos, quaisquer que sejam suas características genéticas" (art. 2).[173] Já na *Declaração internacional sobre os dados genéticos humanos* (2003), consciente de que o acesso, a utilização e a conservação dos dados genéticos humanos podem trazer riscos para a observância dos direitos humanos e para o respeito da dignidade humana, a UNESCO proclama que "se deveria fazer todo o possível para garantir que os dados genéticos humanos não sejam utilizados com fins que discriminem ou que provoquem a estigmatização de uma pessoa, uma família, um grupo ou comunidades" (art. 7). Esta declaração aduz ainda que "os dados genéticos humanos não deveriam ser postos à disposição de terceiros, em particular de empregadores, companhias de seguro, estabelecimentos de ensino, salvo por uma razão importante de interesse público ou quando se tenha obtido o consentimento prévio, livre, informado e expresso" (art. 14). Por fim, a recentíssima *Declaração universal sobre bioética e direitos humanos* (UNESCO, 2005), proclama que nenhum indivíduo ou grupo deve sofrer qualquer tipo de discriminação ou estigmatização (art. 11).

Nesse sentido, alguns países já penalizaram tais abusos da análise genômica em relação a este tipo de diagnóstico. Em França, por exemplo, são punidos penalmente (inclusive a tentativa, 226-29 do CP francês), com pena de um ano de prisão e multa, "os atentados à pessoa que sejam derivados do estudo genético de suas características ou da identificação por meio de suas amostras genéticas", sem o consentimento do titular (arts. 226-25, 226-26, 226-27 do CP), ou com fins distintos das finalidades médicas, científicas e judiciais (226-28); e na Noruega está proibida a utilização da informação genética de alguém que tenha sido obtida através de amostras genéticas, sem o consentimento do titular, sendo que pena neste caso pode ser a de multa ou a privativa de liberdade de até três meses.

Enfim, em nosso país tramita no Congresso Nacional o Projeto de Lei 4.610/1998,[174] que define os "crimes resultantes de discriminação genética". Segundo este PL, entende-se por discriminação genética a "discriminação de pessoas em razão de seu patrimônio genético" (art. 1). Assim, a realização de testes preditivos de doenças genéticas ou que permitam identificar a pessoa como portadora de um gene responsável por uma doença ou pela

---

[173] E também na anterior *Declaração universal dos direitos humanos das gerações futuras* (UNESCO, 1994): "as pessoas pertencentes às gerações futuras têm direito a nascerem livres e iguais em dignidade e em direitos. Em consequência, cada geração deve se comprometer a não tomar nenhuma medida que tenha por efeito provocar no futuro qualquer tipo de discriminação entre os seres humanos que esteja baseada em razões ligadas à etnia, raça, cor, língua, religião, opinião política ou de outra índole, origem nacional ou social, pertença a uma minoria nacional, posição econômica ou qualquer outra situação" (art. 12).

[174] Este projeto de lei foi proposto originariamente pelo Senado Federal (PL 149/1997).

suscetibilidade ou predisposição genética de uma doença só é permitida com finalidades médicas ou de pesquisa médica e após aconselhamento genético, por profissional habilitado (art. 2). Ainda conforme o referido PL, constituem crimes as seguintes condutas: a) negar, limitar ou descontinuar cobertura por seguro de qualquer natureza com base em informação genética do estipulante ou de segurado, bem como estabelecer prêmios diferenciados, com base em tal informação. Pena: detenção, de três meses a um ano, e multa (art. 3); b) negar, limitar ou descontinuar cobertura por plano de saúde com base em informação genética do contratante ou de beneficiário, bem como estabelecer mensalidades diferenciadas, com base em tal informação. Pena: detenção de três meses a um ano, e multa (art. 4); c) recusar, negar ou impedir a matrícula, o ingresso ou a permanência de aluno em estabelecimento de ensino público ou privado de qualquer grau, bem como a outras formas de treinamento, atualização profissional ou programa de educação continuada, com base em informação genética da pessoa. Pena: detenção, de um mês a um ano, e multa (...). Se o crime for praticado contra menor de dezoito anos, a pena é aumentada de um terço. (art. 5 e parágrafo único, respectivamente); d) recusar, negar ou impedir inscrição em concurso público ou em quaisquer outras formas de recrutamento e seleção de pessoal com base em informação genética do postulante, bem como, com base em informações dessa natureza, obstar, impedir o acesso e a permanência em trabalho, emprego, cargo ou função, na Administração Pública ou na iniciativa privada. Pena: detenção, de um mês a um ano, e multa (art. 6); e) impedir ou obstar, por qualquer meio ou forma, casamento ou convivência familiar e social de pessoas, com base em informação genética das mesmas. Pena: detenção, de um a seis meses, e multa. (art. 7).

De outra banda, no que tange ao acesso e uso arbitrários dos dados genéticos, o PL 4.610/1998 prevê como crime a seguinte conduta: "divulgar informação genética de uma pessoa, a menos que haja prévia autorização sua, por escrito". Pena: detenção, de um a seis meses, e multa. (art. 8). Já o PL 4.900/1999 – que dispõe sobre a proteção contra discriminação da pessoa em razão da informação genética e dá outras providências –, estabelece, cominando a pena de detenção, de três meses a um ano, que "constitui crime contra a proteção da informação genética da pessoa obter, transmitir ou utilizar informação genética em desacordo com o previsto pela Lei" (art. 8). Segundo este PL a informação genética da pessoa só poderá ser obtida nos seguintes casos: I – diagnóstico, prevenção e tratamento de doenças genéticas e aconselhamento genético da pessoa ou de membro de sua família; II – desenvolvimento de pesquisa científica, desde que a informação não identifique a pessoa portadora dos dados; III – exames de paternidade, exigindo-se (nos casos dos incisos I e II) autorização da pessoa cuja informação genética pretende-se obter, ou de seu representante legal (art. 3, § 1º, § 2º). E a informação genética não poderá ser utilizada: I – como fator de discriminação na relação de trabalho; II – na qualificação de um comprador de apólice de seguro saúde, de vida ou de invalidez; III – na contratação de convênio médico; IV – para rejeitar, limitar, cancelar, recusar renovação, estabelecer padrões diferenciados ou afetar de qualquer forma os benefícios de um convênio médico ou de seguro de saúde, de vida ou de invalidez. Por fim, vale ainda uma referência aos PLs 4.661/2001 e 4.662/2001, ambos de autoria do deputado Posella (PMDB/SP). O primeiro estabelece que o código genético individual é considerado sigiloso e é expressamente proibido aos laboratórios e às clínicas o fornecimento de informações a respeito. A quebra do sigilo sobre o código genético de uma pessoa só será possível mediante ordem judicial da autoridade competente (art. 1 e parágrafo único, respectivamente). Já o segundo (PL 4.662/2001) veda em todo território nacional a exigência da apresentação do exame de DNA aos empregadores, seguradoras, prestadoras de assistência médica e odontológica, aos órgãos governamentais em geral, aos departamentos de adoção de menores e às escolas públicas e privadas (art. 1, I, II, III, IV, V e VI).

1.5.2. Diagnóstico genético reprodutivo

Além da facilitação da reprodução humana, os descobrimentos da genética estão permitindo a análise e a determinação dos componentes genéticos, biológicos e fisiológicos do ser humano, em especial do nascituro. As análises genéticas estão possibilitando cada vez com maior precisão e amplitude a diagnose de doenças vinculadas com os genes, antes mesmo de se produzirem as primeiras manifestações ou os sintomas das enfermidades. A esta nova perspectiva da medicina dá-se o nome de medicina preditiva e estes diagnósticos genéticos têm uma importância capital em relação não só com a reprodução assistida mas também com a reprodução natural.[175]

De um modo geral, pode-se entender como diagnóstico genético reprodutivo o conjunto de técnicas e procedimentos investigatórios que permitem prevenir os riscos de transmissão de enfermidades genéticas antes que se realize o nascimento de um novo ser humano, haja sido ele concebido (diagnóstico pré-natal) ou ainda não (diagnóstico pré-conceptivo). Há, portanto, duas espécies de diagnóstico realizadas atualmente na medicina sobre o futuro ser humano que irá nascer.

O diagnóstico pré-conceptivo ou conselho genético refere-se às informações prestadas pelo médico (geneticista) ao casal ou a alguém que deseja ter filhos – antes da efetiva realização da gravidez –, com a advertência sobre os riscos de se conceber um filho com enfermidades ou malformações

---
[175] Neste sentido, ROMEO CASABONA, *Del gen al derecho*, p. 171.

de origem genética (hereditária ou não hereditária).[176] Para Harper, "conselho genético é o processo no qual os pacientes ou seus parentes, com risco de desenvolver uma enfermidade de caráter hereditário, são advertidos das conseqüências da enfermidade, da probabilidade de padecê-la ou transmiti-la e os métodos possíveis para evitá-la ou melhorá-la".[177] O médico, ao proceder a análise da constituição genética dos pais, através de exames específicos (técnica do PCR – *polymerase chain reaction* –, por exemplo), se vier a constatar incompatibilidades entre os mesmos, deverá alertá-los sobre os riscos de gerar um futuro filho com problemas de ordem genética. Ressalta Romeo Casabona que, "do ponto de vista jurídico, o conselho genético apresenta numerosas situações interessantes, não só por sua função, em sentido estrito, de transmissão de informação aos consultantes e da avaliação da mesma, mas também pelas provas prévias que são realizadas em cada caso, assim como pelas decisões que podem ser adotadas como conseqüência da informação e/ou do conselho prestados".[178] Por fim, o conselho genético pode ser oferecido a pessoas individuais ou a casais, por iniciativa do profissional, ou por requerimento dos próprios interessados.

Um pouco diverso é o diagnóstico pré-natal. Neste tipo de diagnóstico o sujeito investigado é o nascituro e não os seus progenitores, e tal intervenção ocorre durante a gestação. Pode-se entender como diagnóstico pré-natal o conjunto de procedimentos que a biomedicina dispõe para detectar enfermidades genéticas[179] no ser humano que já foi concebido. Por meio dessa técnica de diagnóstico pode-se detectar a presença de uma anomalia ou malformação no nascituro e, inclusive, prever o seu sexo, bem como possíveis enfermidades a ele vinculadas. Em termos mais precisos: intervenções diagnósticas pré-natais consistem em "todas aquelas ações que tenham por objeto o diagnóstico de um defeito congênito, entendendo como tal toda anomalia do desenvolvimento morfológico, estrutural, funcional ou molecular presente ao nascer (ainda que possa se manifestar mais tarde), externa ou interna, familiar ou esporádica, hereditária ou não, única ou múltipla".[180] Cabe ressaltar ainda que são diversas as técnicas pré-natais de que hoje dispõe a medicina para diagnosticar preventivamente os diferentes tipos de deformidades e enfermidades que podem acometer o nascituro, tais como: ecografia, embrioscopia, fetoscopia, coriocentese, funiculocentese, biópsia

---

[176] O diagnóstico genético pré-natal é principalmente indicado para prevenir doenças monogênicas e anomalias cromossômicas.

[177] HARPER, *Labor Hospitalaria* (1990), p. 273 *apud* ROMEO CASABONA, *Del gen al derecho*, p. 173.

[178] Cf. ROMEO CASABONA, *Del gen al derecho*, p. 172.

[179] Ou até mesmo para detectar predisposições genéticas a enfermidades genéticas.

[180] Cf. CARRERA, in: Carrera (Ed.), *Diagnóstico prenatal*, p. 5. A lei norueguesa sobre as aplicações biotecnológicas em medicina (Lei 56/1994), define diagnóstico pré-natal como "o exame do nascituro e da gestante para detectar ou descartar a possibilidade de uma enfermidade genética ou anormalidades no desenvolvimento do nascituro" (art. 5.1, a).

da placenta, amniocentese[181] etc., sendo que os procedimentos adotados podem ser realizados através de visualização ou por análises e investigações laboratoriais de materiais biológicos (fetais e maternos).

Quanto aos aspectos penais envolvidos com o diagnóstico genético reprodutivo, primeiramente, e no que se refere ao nascituro intra-uterino, além da tradicional forma de tutela da *vida humana dependente* através da figura do aborto,[182] alguns países ampliaram o âmbito de proteção penal incluindo a proteção da sua *integridade física ou psíquica*. Assim, na Espanha, o tipo de lesões ao feto (Código penal, art. 157) busca tutelar a *integridade físico-psíquica* do nascituro intra-uterino diante das lesões corporais que podem decorrer do diagnóstico pré-natal.[183] Outra questão que poderia ainda ser levantada diz respeito a uma maior abrangência das situações de ocorrência do denominado "aborto eugênico" devido à atual capacidade preditiva do diagnóstico pré-natal.[184] Quanto a isso, a AIDP condena o uso abusivo do diagnóstico pré-natal e segundo este organismo "a utilização do diagnóstico genético pré-natal deve estar limitada aos casos em que se suspeitem enfermidades genéticas que pareçam especialmente perigosas para o futuro desenvolvimento pré-natal ou pós-natal do embrião".

1.5.3. Diagnóstico genético e seleção de sexo

Ademais, a destruição (ou mesmo lesão) do embrião extra-uterino pode ocorrer na chamada "seleção de sexo" (*sex selection*).

Para melhor compreendermos a temática em tela faz-se necessário recordar que é o espermatozóide que detém o poder de determinar o sexo do ser humano, onde o sexo (masculino ou feminino) é determinado pelos nossos cromossomos, que estão presentes nos núcleos de cada célula humana. Por sua vez, cada célula humana contém 46 pares de cromossomos

---

[181] Atualmente, a amniocentese é a técnica que permite diagnosticar um maior número de enfermidades congênitas devido a aberrações cromossômicas, desequilíbrios metabólicos, enfermidades genéticas não hereditárias, vinculadas ao sexo, situações de predisposição de enfermidades que aparecerão na infância ou idade adulta, etc. (Cf.ROMEO CASABONA, *El derecho y la bioética*, p. 374). No entanto, a amniocentese apresenta certos riscos, como a perda do *nasciturus* (por aborto espontâneo, morte no útero), lesões e infecções, perturbações neonatais e também complicações para a mãe (perfuração visceral, desprendimento prematuro da placenta, hemorragia pós-parto...) (Cf.idem.ibidem).

[182] V. arts.124 a 128 do CP.

[183] Outro país que pune as ofensas levadas a cabo contra integridade física ou psíquica do nascituro é a Grécia (Código penal, art. 304 A).

[184] Advertindo também sobre isto, FRANCO, *Bioética* (1996), p. 19; SOUTO DE MOURA, *RPCC* (1994), p. 330-332. Aduz este último que a informação prestada pelo diagnóstico pré-natal pode ser utilizada com propósitos distintos: para a destruição do feto, para puras investigações ou para o tratamento de anomalias (*id.ibid.*, p. 328). A propósito, a República Popular da China, na *Lei sobre assistência sanitária materno-infantil* (art. 18), de 27/10/1994, prevê legalmente algumas hipóteses de aborto eugênico a partir do diagnóstico pré-natal nos seguintes casos: a) que feto esteja sofrendo uma enfermidade genética grave; b) que o feto padeça de uma malformação grave; c) quando a mulher grávida padeça de grave enfermidade e a continuidade da gestação possa ameaçar a sua vida ou sua saúde.

(22 pares de cromossomos não sexuais e 2 pares de cromossomos sexuais). Dentre os cromossomos sexuais humanos são identificados dois tipos: o cromossomo X e o cromossomo Y. Ambos cromossomos mencionados podem ser produzidos pelo homem, enquanto que a mulher só pode produzir o cromossomo X. Por conseguinte, a seleção natural do sexo que comumente acontece nos humanos produz-se com a fecundação do óvulo pelo espermatozóide, podendo resultar numa descendência feminina (XX) ou masculina (XY), dependendo da sorte – a ser determinada pelo espermatozóide fecundante – de combinação do cromossomo sexual (cromossomo 23) envolvido na fecundação.[185]

Dito isto, e diferentemente deste processo casual de determinação do sexo, a técnica de seleção (artificial) de sexo surge como uma novel alternativa biomédica que visa induzir a reprodução humana para propiciar antecipadamente a escolha do sexo desejado pelos progenitores do futuro filho a ser concebido. E esta (pré-) seleção ou predeterminação traz relevantes questionamentos sociais, éticos e jurídicos. Entretanto, precisamos ter algumas noções biomédicas a respeito do que se entende pela técnica da "seleção de sexo". Sendo considerada uma tecnologia reprodutiva que envolve concomitantemente técnicas de reprodução assistida, de diagnóstico genético e de crioconservação, a seleção de sexo pode ser qualificada de *pré-conceptiva ou pré-implantatória*. Estas duas modalidades de seleção de sexo diferenciam-se quanto ao objeto da intervenção e quanto aos métodos utilizados. A *seleção de sexo pré-conceptiva* ocorre antes de ser levada a cabo uma determinada técnica de reprodução assistida (p.ex., fertilização *in vitro*, inseminação artificial, etc.) e utiliza-se de métodos que visam separar o esperma que carrega o cromossomo X daquele que carrega o cromossomo Y. Já a *seleção de sexo pré-implantatória* ocorre após a realização de uma específica técnica de reprodução assistida: a fertilização *in vitro*, mas antes de o embrião gerado por esta técnica ser transferido ao útero materno, onde através do *diagnóstico genético pré-implantatório*[186] serão removidas

---

[185] No entanto, podem ocorrer algumas malformações cromossômicas que ocasionam certas enfermidades. Estas anomalias são representadas pelo excesso ou defeito dos cromossomos sexuais, podendo-se citar, entre outras, a síndrome de Turner, a síndrome de Klinefelter, a trissomia 21, a miopatia de Duchene, etc.

[186] Diagnóstico genético pré-implantatório é a análise genética de embriões produzidos por fertilização *in vitro* (FIV). É um método de diagnose genética aplicada aos embriões nos primeiros estágios de seu desenvolvimento, depois de terem sido produzidos artificialmente (cf. GERMAN NATIONAL ETHICS COUNCIL, *Genetic diagnosis before and during pregnancy*, p. 24;96). Esta espécie de diagnóstico é realizada em embriões obtidos *in vitro* antes de se proceder a sua transferência à mulher receptora, com o fim de verificar previamente a ocorrência de eventuais enfermidades e anomalias que poderiam acometer o futuro filho ao nascer, ou até mesmo outras características (físicas ou psíquicas) quaisquer de que o embrião produzido *in vitro* seja portador. Isto, aliás, traz o risco de que sejam produzidos "designer babies". Segundo a lei norueguesa sobre as aplicações biotecnológicas em medicina (Lei 56/1994), entende-se por diagnóstico pré-implantatório "o exame genético do óvulo fecundado antes de sua transferência ao útero"(art. 4.1), e este somente poderá ser utilizado nos casos em que exista uma enfermidade hereditária incurável sem possibilidade de tratamento (art. 4.2).

Direito Penal Genético

e investigadas algumas células embrionárias para a identificação do sexo do embrião que foi produzido. Caso este embrião não seja o do sexo desejado pelos pais, ele pode ter então três destinos: ser descartado (destruído), ser doado para casais inférteis, ou ser utilizado para fins comerciais ou experimentais. Noutras palavras, podemos dizer que enquanto na *seleção de sexo pré-conceptiva* há uma seleção de espermatozóides; na *seleção de sexo pré-implantatória*, há uma seleção de embriões.

Quanto aos aspectos criminais envolvidos, devemos esclarecer que a valoração jurídico-penal da seleção de sexo – como qualquer outra intervenção biomédica – está relacionada, acima de tudo, com a sua natureza, ou seja, se a mesma é classificada como terapêutica ou não terapêutica. No caso da *seleção de sexo terapêutica*, isto é, que visa prevenir e evitar a transmissão de graves enfermidades hereditárias aos filhos pelos pais, não há maiores problemas jurídico-penais a serem discutidos, sendo admitida como lícita, portanto, qualquer intervenção biomédica (tratamento curativo ou experimentação) que tenha por finalidade o bem-estar (saúde) do embrião. Não vamos por isso dela aqui tratar. Cabe, no entanto, uma pequena observação no que tange à seleção de sexo pré-implantatória. Em nossa opinião, nesta espécie de seleção terapêutica, a utilização do diagnóstico genético pré-implantatório deve estar restrita a prognósticos sérios que estejam baseados em suspeitas médicas bem fundamentadas sobre a probabilidade real de serem transmitidas enfermidades genéticas graves que possam vir a comprometer o desenvolvimento pré-natal e pós-natal do embrião. Neste sentido, o Conselho Federal de Medicina estabelece que "toda intervenção sobre pré-embriões *in vitro*, com fins diagnósticos, não poderá ter outra finalidade que a avaliação de sua viabilidade ou detecção de doenças hereditárias, sendo obrigatório o consentimento informado do casal", aduzindo ainda que "toda intervenção com fins terapêuticos, sobre pré-embriões *in vitro*, não terá outra finalidade que tratar uma doença ou impedir sua transmissão, com garantias reais de sucesso, sendo obrigatório o consentimento informado do casal".[187] Se não for assim, a seleção de sexo ultrapassa a fronteira das intervenções terapêuticas consideradas lícitas para se transformar numa seleção de sexo não terapêutica.

Como se pode antever, as coisas são diferentes no que toca à *seleção de sexo não terapêutica*, havendo implicações jurídico-penais relevantes que merecem uma maior análise, pois esta modalidade de seleção de sexo, a nosso sentir, pode conduzir a práticas reprováveis de eugenia positiva que atentam contra a dignidade humana ofendendo bens jurídicos como a *diversidade sexual* e a *vida humana embrionária*. Por este motivo, foram editados documentos internacionais, bem como leis penais que visam justamente coibir os abusos que podem advir da seleção de sexo não terapêutica, seja ela pré-conceptiva ou pré-implantatória.

---

[187] CFM, *Resolução* 1.358/1992, VI, 1 e 2.

Primeiramente, e em nível internacional, o Conselho da Europa, através da adoção de dois documentos importantes, recomenda expressamente aos seus Estados-membros a proibição da seleção de sexo não terapêutica, apesar de não se referir, todavia, a uma modalidade específica desta técnica (pré-conceptiva ou pré-implantatória). Assim, na *Recomendação 1.046/1986* qualifica simplesmente como manipulação não desejável a "seleção de sexo mediante manipulação genética com fins não terapêuticos" (nº 14, *a*, IV); e na recente *Convenção dos direitos humanos e da biomedicina* (1996), o aludido órgão europeu estabelece que a "utilização de técnicas de reprodução assistida não deverá ser permitida para fins de assistência médica de seleção do sexo do nascituro, salvo quando se pretenda evitar uma doença hereditária grave relacionada com o sexo" (art. 14). De acordo com esta orientação, alguns países europeus já proíbem penalmente a seleção de sexo não terapêutica. Assim procederam a Alemanha e a Noruega. A conhecida lei alemã de proteção aos embriões (*Embryonenschutzgesetz*), pune a seleção de sexo não terapêutica pré-conceptiva, preconizando no seu § 3º, que será punido com pena privativa de liberdade de até um ano ou com pena de multa, "quem intentar fecundar um óvulo humano com um espermatozóide que tenha sido selecionado em função do cromossomo sexual no seu conteúdo". Todavia esta conduta não será punida se "a seleção do espermatozóide for dirigida a preservar o nascituro de sofrer enfermidades ligadas ao sexo tais como a distrofia muscular do tipo Duchene ou outras de similar gravidade". No mesmo diapasão perfila-se a legislação penal da Noruega que, por sua vez, proíbe tanto a seleção de sexo não terapêutica pré-conceptiva como a seleção de sexo não terapêutica pré-implantatória. Conforme reza a Lei 56 (1994), o tratamento do esperma antes da fecundação somente será permitido se a mulher for portadora de uma enfermidade hereditária grave ligada ao sexo (art. 2.8), aduzindo ainda, por outro lado, que é proibido o exame de um óvulo fecundado para selecionar o sexo de um nascituro, salvo em caso de enfermidade grave ligada ao sexo (art. 4.2). A sanção prevista para quem infringir ambos dispositivos legais é a pena de privativa de liberdade de até três meses ou multa (art. 8.5).

Embora seja considerada uma intervenção biomédica reprovável no âmbito internacional e já tenha sido inclusive regulamentada penalmente no direito alienígena, a seleção de sexo não terapêutica ainda não está tipificada no direito penal brasileiro.[188] Por outro lado, relativamente à seleção de sexo não terapêutica pré-implantatória, poderíamos suscitar a hipótese de incidência do crime de aborto, já que ao se proceder à escolha do sexo do embrião obtido *in vitro* pode acontecer que o mesmo seja descartado por

---

[188] Todavia, a anterior Lei de Biossegurança (Lei 8.974/1995, art. 13, III) proibia a seleção de sexo não terapêutica pré-implantatória, desde que esta seleção envolvesse embriões "destinados a servirem como material biológico disponível". Sobre isso, v. mais desenvolvidamente, SPORLEDER DE SOUZA, in: Clotet/Goldim (orgs.), *Seleção de sexo e bioética*, p. 74 e ss.

não corresponder ao sexo desejado pelos futuros pais. Neste caso, apesar de a vida humana embrionária ser ofendida por tal prática, o crime de aborto não pode abranger esta situação, pois aquele crime está relacionado apenas com a destruição do embrião humano intra-uterino, que está localizado dentro do ventre materno. Diante disso, e devido ao já referido óbice dogmático de a figura do aborto não poder abranger esta situação peculiar – por impossibilidade de interpretação analógica *in malam partem* e em respeito ao princípio *nullum crimen sine lege stricta* – sugere-se a criação dos "crimes de embrionicídio" para tais casos como mencionado mais acima.

Contudo, e tendo em vista esta lacuna no ordenamento jurídico brasileiro, há um Projeto de lei tramitando no Congresso Nacional (PL 1.184/2003), que dispõe sobre reprodução assistida e prevê como crime, com pena de detenção de 2 a 6 meses: "realizar a pré-seleção sexual de gametas ou embriões, ressalvado o disposto nesta Lei" (art. 19, VIII). A ressalva mencionada pelo referido projeto está contida no art. 2º, *in verbis*: "A utilização das técnicas de Reprodução Assistida só será permitida (...) nos casos em que se verifique infertilidade e para a prevenção de doenças genéticas ligadas ao sexo", e desde que: "I – exista indicação médica para o emprego da Reprodução Assistida, consideradas as demais possibilidades terapêuticas disponíveis, segundo o disposto em regulamento; II – a receptora da técnica seja uma mulher civilmente capaz, nos termos da lei (...); III – a receptora da técnica seja apta, física e psicologicamente, após avaliação que leve em conta sua idade e outros critérios estabelecidos em regulamento; IV – o doador seja considerado apto física e mentalmente, por meio de exames clínicos e complementares que se façam necessários". Ademais, o Conselho Federal de Medicina também expressa esse mesmo sentimento ao referir expressamente que "as técnicas de RA não devem ser aplicadas com a intenção de selecionar o sexo ou qualquer outra característica biológica do futuro filho, exceto quando se trate de evitar doenças ligadas ao sexo do filho que venha a nascer".[189]

---

[189] CFM, *Resolução* 1.358/1992, I, 4.

2. Crimes relativos à genética não humana

2.1. ART. 27 DA LEI 11.105/2005 (LIBERAÇÃO OU DESCARTE IRREGULAR DE OGM NO MEIO AMBIENTE)

Art. 27. Liberar ou descartar OGM no meio ambiente, em desacordo com as normas estabelecidas pela CTNBio e pelos órgãos e entidades de registro e fiscalização.
Pena – reclusão, de 1(um) a 4 (anos), e multa.
§ 1º Se o crime é culposo: (VETADO)
Pena: detenção, de 2 (dois) a 4 (quatro) anos, e multa.
§ 2º Agrava-se a pena:
I – de 1/6 (um sexto) a 1/3 (um terço), se resultar dano à propriedade alheia;
II – de 1/3 (um terço) até a metade, se resultar dano ao meio ambiente;
III – da metade até 2/3 (dois terços), se resultar lesão corporal de natureza grave em outrem;
IV – de 2/3 (dois terços) até o dobro, se resultar a morte de outrem.

2.1.1. Comentários gerais

2.1.1.1. Liberação de OGM

Entende-se por liberação de OGM a introdução de OGM no meio ambiente para que, de alguma forma, ocorra uma interação entre eles. "O ato de liberar os organismos geneticamente modificados abarca a finalidade de que os mesmos interajam com o ambiente";[190] "liberar é colocar no meio ambiente estes organismos geneticamente modificados, causando modificação do meio ambiente" (p.ex., plantação de sementes transgênicas).[191] Noutras palavras, liberação é a atividade voltada para a produção da interação dos OGMs com o meio ambiente.[192] Obviamente, esta liberação

---
[190] CARVALHO, *RDGH* (2005), p. 130.
[191] SIRVINSKAS, *RT* (2001), p. 481.
[192] Cf. FONTES/ROCHA/VARELLA, *Biossegurança e biodiversidade*, p. 213.

envolve apenas a introdução de microorganismos, plantas e animais geneticamente modificados no meio ambiente, excetuando-se o homem.

A liberação é um fato inevitável numa etapa preliminar, prévia ao desenvolvimento de novos produtos que contenham OGMs destinados ao consumo humano e/ou animal. Normalmente, a liberação no meio ambiente é a fase que vem logo após a realização do trabalho confinado (em laboratório),[193] podendo consistir em atividade de pesquisa (liberação científica ou de estudo) ou atividade de uso comercial (liberação comercial).[194] Neste particular, aliás, segundo a Lei 11.105/2005, é proibida "a liberação no meio ambiente de OGM ou seus derivados, no âmbito de atividades de pesquisa, sem a decisão técnica favorável da CTNBio e, nos casos de liberação comercial, sem o parecer técnico favorável da CTNBio, ou sem o licenciamento do órgão ou entidade ambiental responsável, quando a CTNBio considerar a atividade como potencialmente causadora de degradação ambiental, ou sem a aprovação do Conselho Nacional de Biossegurança – CNBS, quando o processo tenha sido por ele avocado" (art. 6, VI).

Por outro lado, a liberação de OGMs no meio ambiente pode ser planejada ou não planejada (dolosa ou culposa). Liberação planejada de OGMs é aquela que está inteiramente de acordo com as normas estabelecidas pela CTNBio e pelos demais órgãos e entidades de registro e fiscalização. Assim, toda e qualquer liberação planejada deve seguir os procedimentos contidos nas Instruções Normativas 3/1997 e 10/1998 da CTNBio.[195] Quanto à primeira instrução normativa (IN 3/1997), esta se aplica à liberação planejada de viróides, vírus, células ou organismos multicelulares geneticamente modificados (OGMs), seja mediante experiências de campo

---

[193] Nesse sentido, PRADO, *Direito Penal do ambiente*, p. 592-589.

[194] V. art. 1, § 1º e § 2º da Lei 11.105/2005. Inicialmente, cabe dizer que todos interessados em realizar atividades envolvendo OGMs devem requerer autorização à CTNBio, solicitando o respectivo Certificado de Qualidade em Biossegurança (CQB). Para obter este certificado a entidade deve comprovar, através de documentação, sua idoneidade física e a capacitação de sua equipe técnica e de sua infraestrutura para desenvolver aquela atividade com OGM a que se propoe (v. CTNBio, IN 01/1996 e *Resolução Normativa* 01/2006), além de ter que criar uma Comissão Interna de Biossegurança (CIBio), indicando um técnico principal responsável para cada projeto específico (art. 17 da Lei 11.105/2005). Estas atividades estão restritas ao âmbito de entidades de direito público ou privado, podendo-se distinguir duas modalidades principais, que se diferenciam quanto à sua finalidade: a) atividade de pesquisa de OGMs e seus derivados; e b) atividade de uso comercial de OGMs e seus derivados. Todavia, estas duas modalidades não são estanques e se complementam, pois a atividade de uso comercial muitas vezes depende dos resultados anteriormente obtidos pelas atividades de pesquisa. Consideram-se atividades de pesquisa aquelas que têm fins experimentais e tratam do "processo de obtenção de OGM e seus derivados ou de avaliação da biossegurança de OGM e seus derivados" (art. 1º, § 1º da Lei 11.105/2005). Além disso, estas atividades são conduzidas em laboratórios e instalações similares (casas de vegetação, biotérios, etc.), ou no meio ambiente, através dos chamados testes de campo. Já as atividades de uso comercial de OGM são aquelas que não se enquadram como atividades de pesquisa, têm fins puramente comerciais e se destinam à indústria farmacêutica, biomédica (da saúde), agropecuária e alimentar.

[195] Sobre a liberação planejada de OGMs, há ainda a IN 16/1998, que dispõe sobre normas para a elaboração e a apresentação dos mapas e croquis solicitados para liberação planejada no meio ambiente de OGMs, mas que não será aqui analisada devido à sua especificidade e menor importância para os fins deste trabalho.

ou qualquer outro meio (exceto trabalhos em regime de contenção).[196] Para que haja a liberação planejada, o interessado precisa elaborar uma proposta, que deve ser avaliada previamente pela CIBio de sua instituição. Após esta avaliação, a CIBio deve encaminhar a proposta à CTNBio. Por sua vez, ao recebê-la, este órgão: a) divulgará no Diário Oficial da União o recebimento da solicitação, com breve descrição da liberação proposta; b) divulgará a descrição entre pessoas e/ou organizações registradas na CTNBio para esse propósito; c) enviará a descrição da liberação proposta à autoridade competente da área da liberação, que poderá ser qualquer uma daquelas elencadas no art. 16 da Lei 11.105/2005, dependendo do caso. A comunidade em geral terá trinta dias para se manifestar junto à CTNBio sobre os eventuais danos ou riscos de danos que a liberação em questão possa causar ao homem e ao meio ambiente. Além disso, a proposta do interessado deve fornecer todas informações necessárias para que o avaliador possa proceder à análise e o manejo[197] dos riscos envolvidos na liberação do OGM. Para tanto, estas informações serão colhidas através de respostas a um questionário técnico composto de questões centrais e questões específicas. Entre as questões centrais constarão informações a respeito do organismo a ser liberado, do objetivo da proposta, da localização da área escolhida para a liberação, do habitat e ecologia do OGM, da genética do OGM, dos procedimentos experimentais, do monitoramento e planejamento para a segurança, além de outras questões consideradas pertinentes ao caso em particular. Já nas questões específicas, a CTNBio estabelece um elenco de quesitos a serem respondidos em função do tipo de OGM envolvido na liberação, havendo um questionário próprio para plantas, microorganismos e animais geneticamente modificados, sejam estes destinados ou não ao consumo humano e animal. Caso se trate de vegetal geneticamente modificado, o qual tenha sido autorizado anteriormente pela CTNBio, prevê-se procedimento mais simplificado para a sua liberação planejada como indica a IN 10/1998. Assim, primeiramente, basta o interessado requerer à CIBio a liberação do OGM no meio ambiente; a CIBio faz a classificação do OGM e envia a solicitação à CTNBio, que por sua vez verifica o cumprimento dos requisitos legais e aprova ou não a liberação; se porventura a entidade não tiver CQB ou CIBio, deverá providenciar a sua formação e nomeação antes de fazer o pedido. Tal situação é possível quando a entidade que solicita a liberação não é a mesma que fez a solicitação anteriormente.[198] Por outro

---

[196] Sobre isso, vide CTNBio, IN 07/1997, IN 12/1998, IN 15/1998.

[197] Segundo a *Convenção sobre Biodiversidade* (ONU, 1992), "cada parte deve (...) estabelecer ou manter meios para regulamentar, administrar ou controlar os riscos associados à utilização e liberação de organismos vivos modificados resultantes da biotecnologia que provavelmente provoquem impacto ambiental negativo que possa afetar a conservação e a utilização sustentável da diversidade biológica, levando também em conta os riscos para a saúde humana" (art. 8, g). E no *Protocolo de Cartagena sobre Biossegurança* (ONU, 2000), há dois dispositivos específicos (arts.15 e 16) sobre os procedimentos e avaliação e manejo de riscos, além de um anexo (ANEXO III) sobre avaliação de risco.

[198] FONTES/ROCHA/VARELLA, *Biossegurança e biodiversidade*, p. 136-137.

lado, se a CTNBio considerar que a atividade de liberação proposta é potencial ou efetivamente causadora de degradação ambiental, poderá exigir-se o EIA (Estudo de Impacto Ambiental)/RIMA (Relatório de Impacto no Meio Ambiente), que, conseqüentemente, poderá resultar em recomendações sobre condições a serem agregadas à proposta. Enfim, na ocorrência de qualquer liberação acidental (fortuita) de OGM que fora introduzido de forma planejada no meio ambiente, tal fato deverá ser imediatamente comunicado à CTNBio, anexando-se relatório das ações corretivas já tomadas (se apropriado) e os nomes das pessoas que tenham sido notificadas.[199]

Já a liberação não planejada é aquela que não está de acordo com as normas de biossegurança estabelecidas pela CTNBio e pelos órgãos e entidades de registro e fiscalização. Isso pode acontecer de forma dolosa (ou intencional) ou acidental (culposa), por exemplo, quando não são tomadas as medidas adequadas de confinamento,[200] que têm por fim evitar o contato de certo OGM com a população ou com o meio ambiente; ou quando são realizadas experiências de campo com OGMs sem a anuência prévia da CTNBio. A liberação não planejada (dolosa) de OGMs constitui crime nos termos do art. 27 da Lei 11.105/2005. Por fim, é vedada a liberação planejada no meio ambiente de animais não geneticamente modificados, onde OGMs são manipulados, nos termos da IN 15/1998.

2.1.1.2. Descarte de OGM

Liberação e descarte são atividades completamente distintas. A atividade de descarte não abrange a finalidade de interação dos OGMs com o meio ambiente, possuindo outra conotação. Conforme Fontes/Rocha/Varella, "descarta-se o que é inoportuno, inconveniente, ou aquilo que não serve, que foi rejeitado. O descarte revela a preocupação do agente em se livrar de organismos que a ele se apresentam inconvenientes. Não há preocupação em provocar a interação dos organismos com o meio ambiente".[201] No mesmo sentido, Prado: "a liberação compreende a finalidade de que os OGMs interajam como ambiente; o descarte, de seu turno, não abrange tal escopo: é o mero ato de se livrar de organismos que não tenham mais nenhuma utilidade".[202] Portanto, o descarte tem a ver com o lançamento de

---

[199] V. CTNBio, IN 3/1996. Entretanto, se forem liberados acidentalmente animais geneticamente modificados, estes deverão possuir um marcador genético capaz de, ao ensaio de seu DNA, identificá-lo dentre uma população de animais da mesma espécie (CTNBio, IN 12/1998).

[200] Segundo a União Européia, "liberação intencional" significa uma introdução deliberada no meio ambiente de um OGM sem que se tenham tomado medidas de contenção tais como barreiras físicas, químicas e biológicas utilizadas para limitar seu contato com a população em geral e o meio ambiente (UNIÃO EUROPÉIA, *Diretiva da comunidade européia* 220/1990, sobre a liberação intencional de OGMs no meio ambiente, art. 2, n.3).

[201] FONTES/ROCHA/VARELLA, *Biossegurança e biodiversidade*, p. 213.

[202] PRADO, *Direito penal do ambiente*, p. 592.

lixo biológico no meio ambiente, isto é, com o despejo de resíduos biológicos (líquidos ou sólidos),[203] muitas vezes perigosos,[204] que são jogados fora ou são destruídos pelas entidades devido à sua imprestabilidade, inutilidade ou inconveniência.[205] Trata-se do despejo dos restos biológicos e genéticos não aproveitados nas pesquisas e não utilizados no meio ambiente.

Aduz ainda Prado que, para que se configurem delitos, tanto a liberação quanto o descarte devem ser efetuados com desrespeito às normas estabelecidas pela CTNBio.[206] No entanto, ao contrário do que acontece com a atividade de liberação, a CTNBio ainda não editou nenhuma instrução normativa sobre a atividade de descarte, o que implica em relevantes conseqüências jurídico-penais, já que não é possível reconhecer-se a ocorrência do crime previsto no art. 27 da Lei 11.105/2005 no que se refere ao eventual "descarte em desacordo com as normas estabelecidas pela CTNBio", existindo uma verdadeira lacuna em relação ao complemento do tipo incriminador nesta hipótese.

2.1.2. Comentários dogmáticos

Observação: a revogada Lei 8.974/1995 contemplava este crime (art. 13, V) com pena mais branda (reclusão de um a três anos).

2.1.2.1. Tipo objetivo

Bens jurídicos: o equilíbrio ecológico e a biodiversidade (*caput* e inciso II); e, indiretamente, a vida (inciso IV), a integridade física ou saúde (inciso III) e o patrimônio (inciso I).

Sujeito ativo: qualquer pessoa (física), independentemente de qualquer qualidade ou condição pessoal. É crime comum.

Sujeitos passivos: a coletividade e o meio ambiente (natural); ou ainda, subsidiariamente, a pessoa (física ou jurídica), no caso do inciso I.

Condutas: as condutas podem ser comissivas ou omissivas e consistem em liberar (vide comentário acima) e descartar (vide comentário acima) OGM no meio ambiente.

---

[203] Segundo a NBR-10004, resíduos "são todos os resíduos em estado sólido e semi-sólido que resultam de atividades da comunidade (...), bem como determinados líquidos, cujas particularidades tornam inviável o seu lançamento na rede pública de esgotos ou corpos d'água ou exijam para isso soluções técnica e economicamente inviáveis face à melhor tecnologia disponível".

[204] Segundo a NBR-10004, a periculosidade dos resíduos é definida como "a característica apresentada pelo resíduo que, em função de suas propriedades físicas, químicas ou infecto-contagiosas, pode apresentar: a) risco à saúde pública, provocando ou acentuando de forma significativa um aumento de mortalidade ou incidência de doenças e/ou; c) riscos ao meio ambiente, quando o resíduo é manuseado ou destinado de forma adequada".

[205] Sobre a problemática dos resíduos de laboratórios, v.FERREIRA, in: Teixeira/Valle, *Biossegurança*, p. 191 e ss.

[206] PRADO, *Direito penal do ambiente*, p. 592.

Objeto material: é o meio ambiente natural (*caput* e inciso II), a propriedade alheia (inciso I) ou o indivíduo lesado ou morto (incisos III e IV, respectivamente).[207]

Elementos normativos: OGM (organismo geneticamente modificado) é elemento normativo jurídico do tipo, previsto no art. 3º, V da Lei 11.105/2005. Já a expressão *em desacordo* é elemento normativo negativo do tipo.

Lei penal em branco: os termos *normas estabelecidas pela CTNBio e pelos órgãos e entidades de registro e fiscalização* configuram o tipo como uma lei penal em branco (própria), pois o complemento do preceito está contido em normas extrapenais.

Consumação e tentativa: trata-se de crime de mera conduta, que se consuma com simples realização da liberação ou descarte de OGM no meio ambiente, em desacordo com as normas estabelecidas pela CTNBio e pelos órgãos e entidades de registro e fiscalização. A tentativa é inadmissível.

Resultado jurídico: trata-se de crime de perigo abstrato em relação *caput*; as hipóteses previstas no § 2º são crimes de dano.

2.1.2.2. Tipo subjetivo

Dolo: representado pela vontade e consciência de realizar o tipo objetivo. O dolo pode ser direto ou eventual.

Elemento subjetivo especial: inexiste.

2.1.2.3. Modalidade culposa

Não há previsão típica da forma culposa. Esta, aliás, foi vetada pelo Presidente da República (§ 1º). Todavia, anteriormente, a revogada Lei 8.974/1995 tipificava a liberação e o descarte culposos (art. 13, V, § 4º).

2.1.2.4. Qualificadoras e causas de aumento de pena

Cabe frisar inicialmente que o legislador não foi tecnicamente muito feliz ao empregar a expressão "agrava-se a pena" no § 2º do art. 27 da Lei 11.105/2005, pois o referido dispositivo legal não trata propriamente de circunstâncias agravantes e sim de causas de aumento de pena. Há, portanto, quatro hipóteses de causas de aumento que incidirão na punibilidade prevista no *caput* se a liberação ou o descarte do OGM resultarem em: a) dano a propriedade alheia (inciso I); b) dano ao meio ambiente (inciso

---

[207] Os OGMs (microorganismos, plantas ou animais) eventualmente liberados ou descartados no meio ambiente constituem-se em *instrumentos do crime* e não *objetos materiais* como alega HAMMERSCHMIDT (*Transgênicos e direito penal*, p. 249).

II); c) lesão corporal de natureza grave[208] (inciso III); d) morte de outrem (inciso IV). Em todos estes casos, o resultado agravador deve decorrer de dolo ou culpa (CP, art. 19) do agente. Do contrário, haverá caso fortuito, e não incidirão as causas de aumento aludidas. Por fim, vale ainda referir que a revogada Lei 8.974/1995 previa tipos derivados semelhantes a esses no art. 13, V, § 1º (a, b, c, d, e, f), § 2º (a, b, c, d, e, f, g) e § 3º, mas como qualificadoras.

2.1.2.5. Pena e questões processuais

Comina-se pena de reclusão, de um a quatro anos, e multa (*caput*). Todavia, aumenta-se a pena de 1/6 (um sexto) a 1/3 (um terço) se resultar dano à propriedade alheia (inciso I); de 1/3 (um terço) até a metade se resultar dano ao meio ambiente (inciso II); da metade até 2/3 (dois terços) se resultar lesão corporal de natureza grave em outrem (inciso III); e de 2/3 (dois terços) até o dobro, se resultar a morte de outrem (inciso IV) .

A ação penal é pública incondicionada. A suspensão condicional do processo é cabível no crime do *caput*, em razão da pena mínima abstratamente prevista (um ano), conforme preceitua o art. 89 da Lei 9.099/1995.

2.2. ART. 28 DA LEI 11.105/2005 (TECNOLOGIAS GENÉTICAS DE RESTRIÇÃO DO USO)

Art. 28. Utilizar, comercializar, registrar, patentear ou licenciar tecnologias genéticas de restrição do uso:
Pena – reclusão, de 2 (dois) a 5 (cinco) anos, e multa.

2.2.1. Comentários gerais

2.2.1.1. Direito de propriedade industrial e patenteamento de OGMs

O direito de propriedade intelectual comporta as seguintes espécies de direitos: os direitos autorais, os direitos de propriedade industrial e os direitos das obtenções vegetais.[209] Os direitos autorais estão protegidos pelas leis 9.609/1998 – que dispõe sobre a proteção da propriedade intelectual do programa de computador –, e 9.610/1998 – que altera, atualiza e consolida a legislação sobre direitos autorais e dá outras providências –; enquanto que

---
[208] Sobre as hipóteses típicas da lesão corporal de natureza grave, vide art. 129, §1º(I,II, III e IV) e § 2º (I, II, III, IV e V) do Código Penal.
[209] Cf. DEL NERO, *Propriedade intelectual*, p. 69.

os direitos da propriedade industrial estão regulados pela Lei 9.279/1996 – que disciplina os direitos e as obrigações referentes à propriedade industrial. Enfim, os direitos das obtenções vegetais estão disciplinados pela Lei 9.456/1997 – que institui a proteção de cultivares. Vamos tratar neste tópico apenas das duas últimas legislações, posto que estas dizem respeito especificamente à propriedade intelectual de OGMs.

Direito industrial é a parte do direito comercial que trata dos direitos e obrigações referentes à propriedade industrial. De acordo com a Convenção de Paris (1883) – revista em Bruxelas (1900), Washington (1911), Haia (1925), Londres (1934), Lisboa (1958) e Estocolmo (1967) – a qual o Brasil adota, "a proteção da propriedade industrial tem por objeto as patentes de invenção, os modelos de utilidade, os desenhos ou modelos industriais, as marcas de fábrica ou de comércio, as marcas de serviço, o nome comercial e as indicações de proveniência ou denominações de origem, bem como a repressão da concorrência desleal" (art. 1º, nº 2).

Em nosso país, o regime jurídico da propriedade intelectual encontra seu fundamento na Constituição Federal, que no art. 5º, XXIX dispõe: "a lei assegurará aos autores de inventos industriais privilégio temporário para sua utilização, bem como proteção às criações industriais, à propriedade das marcas, aos nomes de empresas e a outros signos distintivos, tendo em vista o interesse social e o desenvolvimento tecnológico e econômico do País". A regulamentação do direito da propriedade industrial está disciplinada pelas leis 9.279/1996 e 8.934/1994, sendo que a primeira (Lei 9.279/1996) aplica-se às invenções, modelos de utilidade, desenhos industriais, marcas, indicações geográficas e à concorrência desleal; e a segunda (Lei 8.934/1994) trata do nome empresarial e do registro de empresas. Devido ao tema de interesse, vamos nos ater apenas à Lei 9.279/1996.

De acordo com a Lei 9.279/1996, são bens[210] integrantes da propriedade industrial: a invenção, o modelo de utilidade, o desenho industrial e a marca, e a sua proteção jurídica efetua-se mediante a concessão de patente ou de registro. Com efeito, o direito de propriedade industrial dos dois primeiros (invenção e modelo de utilidade) se materializa no ato de concessão da *patente* (documentado pela "carta-patente"); e em relação aos dois últimos (desenho industrial e marca) se perfaz através do ato de concessão do *registro* (documentado pelo "certificado"), sendo que ambas concessões competem a uma autarquia federal denominada Instituto Nacional da Propriedade Industrial (INPI).[211] Por patente pode-se entender "o documen-

---

[210] A Lei 9.279/1996 considera bens móveis os direitos de propriedade industrial (art. 5).

[211] COELHO, *Curso de direito comercial* (vol.1), p. 136. Esclarece o autor que os bens integrantes da propriedade industrial são bens imateriais da propriedade do empresário, havendo, porém, outros bens da mesma natureza, cuja tutela segue disciplina diversa, isto é, a do direito autoral, e o conjunto destas duas categorias de bens é normalmente denominado "propriedade intelectual"; deste modo, o direito intelectual é o gênero, do qual são espécies o industrial e o autoral (cf. idem, ibidem, p. 143).

to ou o ato escrito, emanado de autoridade administrativa, em que se outorga ou se confere uma concessão, seja de um título ou de um privilégio, no qual se declaram ou do qual decorrem as regalias e os direitos que na patente se fundam";[212] já patente de invenção é o título de privilégio concedido a uma invenção industrial. Quanto à exploração dos direitos relativos à propriedade industrial, a concessão do direito industrial pelo INPI assegura ao titular da patente a faculdade de utilização econômica, com exclusividade, da invenção ou modelo de utilidade. Noutras palavras, ninguém poderá fazer uso desses bens sem a licença[213] do titular, sob pena de ser responsabilizado civil e penalmente pela usurpação do direito industrial alheio.[214]

Por sua vez, as invenções industriais também podem estar ligadas à biotecnologia. As invenções biotecnológicas são idéias inventivas industriais que se concretizam através de processos[215] ou produtos[216] que utilizem sistemas biológicos, organismos vivos ou seus derivados.[217] A Lei da Propriedade Industrial também trata dessas invenções.

Como se viu, a invenção – ao lado do modelo de utilidade – é um bem industrial patenteável. Todavia, dos quatro bens industriais anteriormente aludidos, a invenção é o único não definido pela lei em virtude das dificuldades de se estabelecer de forma mais precisa os seus contornos conceituais, muito embora se tenha uma perfeita noção dos elementos essenciais que a caracterizam. Em razão disso, o legislador, a partir de um conceito negativo, preferiu optar por um critério de exclusão, apresentando uma lista de manifestações do intelecto humano que não se consideram invenções, dentre as quais destaca-se a exceção relativa aos seres vivos e materiais biológicos. Conforme reza o art. Art. 10: "Não se considera invenção: (...) IX – o todo ou parte de seres vivos naturais e materiais biológicos encontrados na natureza, ou ainda que dela isolados, inclusive o genoma ou germoplasma de qualquer ser vivo natural e os processos biológicos naturais".[218]

---

[212] SILVA, *Vocabulário jurídico*, p. 238 apud DEL NERO, *Propriedade intelectual*, p. 78.

[213] Explica COELHO (op. cit., p. 169-170), que a exploração do direito industrial se realiza direta ou indiretamente. Na primeira forma, o próprio titular da patente ou do registro assume os riscos da atividade empresarial. Já a forma indireta de exploração do direito industrial decorre da outorga de licença de uso pelo titular da patente ou do registro em favor de um terceiro, sendo comum também a simultânea exploração direta e indireta do bem industrial.

[214] V. Lei 9.279/1996, arts. 183 e 184.

[215] Segundo DEL NERO (*Propriedade intelectual*, p. 282), processos biotecnológicos consistem "nos métodos utilizados para a fabricação de produtos que incluem bioconversões, fermentações e métodos de isolamento, purificação ou cultivo. Tanto podem ser métodos novos, nunca utilizados, para a produção de substâncias já conhecidas ou novas, como, também, métodos conhecidos, utilizados em novas situações ou na produção de novas substâncias".

[216] Produtos biotecnológicos consistem em novos materiais biológicos, organismos, microorganismos e substâncias obtidos a partir da intervenção humana técnica.

[217] V. *Convenção sobre biodiversidade* (ONU, 1992), art. 2º

[218] Lei 9.279/1996.

De qualquer forma, embora os seres vivos e materiais biológicos não sejam considerados propriamente invenções, mais adiante, o art. 18, III da mesma lei admite a patenteabilidade de um determinado tipo de ser vivo: os microorganismos. Mais especificamente, a Lei de propriedade industrial possibilita a concessão de patentes para produtos e processos oriundos da biotecnologia no que diz respeito aos microorganismos transgênicos. Assim, ainda que sejam considerados seres vivos, os microorganismos transgênicos são passíveis de patenteamento aos olhos do legislador. Como refere Del Nero, "não resta dúvidas a respeito de que microorganismos sejam seres vivos, porém, por construção normativa, são considerados invenções, desde que manipulados em sua estrutura, trazendo as características de invenção, a fim de que seja possível a sua proteção".[219] Na realidade, a redação deste dispositivo parece ser paradoxal, pois, ao mesmo tempo em que não permite o patenteamento de seres vivos (animais e vegetais), os microorganismos podem ser patenteados, desde que sejam transgênicos e se cumpram os requisitos legais inerentes a qualquer invenção.

Por conseguinte, para que se torne possível a concessão de patente a uma invenção e, no caso, a uma invenção biotecnológica envolvendo microorganismos, há algumas condições previstas em lei que precisam ser preenchidas, quais sejam:[220] a) novidade;[221] b) atividade inventiva;[222] c) industriabilidade;[223] e d) desimpedimento. Dentre estes requisitos legais merece especial análise a questão do desimpedimento, sobretudo porque o referido art. 18, III, da Lei 9.279/1996, entre outras hipóteses elencadas,[224] expressamente estabelece que não é patenteável "o todo ou parte dos seres vivos, exceto os microorganismos transgênicos que atendam aos três requisitos de patenteabilidade – novidade, atividade inventiva e aplicação industrial – e que não sejam mera descoberta". Deduz-se, portanto, que via de regra os seres vivos, sejam eles geneticamente modificados ou não, não são patenteáveis, exceto os microorganismos transgênicos, entendidos estes como "os organismos que expressem, mediante intervenção humana direta em sua composição genética, uma característica normalmente não alcançável pela espécie em condições naturais" (parágrafo único do art. 18).

---

[219] DEL NERO, *Propriedade intelectual*, p. 293.

[220] Lei 9.279/1996, art. 8.

[221] "A invenção e o modelo de utilidade são considerados novos quando não compreendidos no estado da técnica" (Art. 11 da Lei 9.279/1996).

[222] "A invenção é dotada de atividade inventiva sempre que, para um técnico no assunto, não decorra de maneira evidente ou óbvia do estado da técnica" (art. 13 da Lei 9.279/1996).

[223] "A invenção e o modelo de utilidade são considerados suscetíveis de aplicação industrial quando possam ser utilizados ou produzidos em qualquer tipo de indústria" (art. 15 da Lei 9.279/1996).

[224] "Art. 18. Não são patenteáveis: I – o que for contrário à moral, aos bons costumes e à segurança, à ordem e à saúde públicas; II – as substâncias, matérias, misturas, elementos ou produtos de qualquer espécie, bem como a modificação de suas propriedades físico-químicas e os respectivos processos de obtenção ou modificação, quando resultantes de transformação do núcleo atômico".

"A Lei de patentes prevê expressamente, portanto, a patenteabilidade de microorganismos transgênicos, valendo a permissão para os processos microbiológicos, como também para os produtos obtidos por esses processos, nos exatos termos do art. 42, incisos I e II, desse diploma legal".[225]

Assim, em face da lei brasileira, todo e qualquer processo biotecnológico ou produto que envolva microorganismos transgênicos é passível de concessão por parte do Estado do privilégio de patente ao seu titular, desde que sejam devidamente cumpridos os requisitos de patenteabilidade da invenção (novidade, atividade inventiva e aplicação industrial),[226] restando excluída, porém, a possibilidade de patenteamento de microorganismos encontrados na natureza, já que isso significa mera descoberta.[227] No que toca aos demais seres vivos (animais, plantas ou até mesmo os seres humanos),[228] assim como aos seus respectivos materiais biológicos (genes, genoma, células, tecidos, órgãos e partes), geneticamente modificados ou não, inexiste qualquer viabilidade jurídica de ocorrer o patenteamento.

Concluindo, "a lei de patentes brasileira não admite o patenteamento de microorganismos encontrados na natureza e de outros seres, como plantas e animais – ou mesmo elementos do ser humano – sejam eles modificados ou não por engenharia genética. Não é permitido também o patenteamento de produtos naturais materiais biológicos encontrados na natureza, inclusive genes, e o genoma de organismos vivos"[229]. Ademais, esta impossibilidade de patenteamento se aplica também a todos processos biológicos naturais[230] que envolvem esses seres vivos. Por fim, os processos biotecnológicos – processos biológicos artificiais, induzidos pela técnica (genetecnologia) – envolvendo plantas ou animais geneticamente modificados são passíveis de patenteamento, desde que, no caso das plantas,

---

[225] NICOLELLIS, *Alimentos transgênicos*, p. 60.

[226] DEL NERO, *Propriedade intelectual*, p. 165.

[227] V. arts. 10, I e 18, III da Lei 9.279/1996.

[228] Quanto ao ser humano, a UNIÃO EUROPÉIA estabelece que "o corpo humano, nos vários estágios da sua constituição e do seu desenvolvimento, bem como a simples descoberta de um dos seus elementos, incluindo a seqüência ou a seqüência parcial de um gene, não podem constituir invenções patenteáveis" (UNIÃO EUROPÉIA, *Diretiva da comunidade européia* 44/1998, sobre a proteção jurídica das invenções biotecnológicas, art. 5, n.1). Ademais, por serem contrárias à ordem pública ou aos bons costumes, são excluídos da patenteabilidade os processos (biotecnológicos) de clonagem de seres humanos, de modificação da identidade genética germinal do ser humano e as utilizações de embriões humanos para fins industriais ou comerciais (idem, ibidem, art. 6, n.1 e n.2, *a, b, c*, respectivamente). Aliás, em nosso país, constitui crime realizar clonagem humana (art. 26 da Lei 11.105/2005), praticar engenharia genética em célula germinal humana, zigoto humano ou embrião humano (art. 25 da Lei 11.105/2005) e utilizar embrião humano em desacordo com a lei (art. 24 da Lei 11.105/2005).

[229] SCHOLZE, *Patentes, transgênicos e clonagem: implicações jurídicas e bioética*, p. 106 apud HAMMERSCHMIDT, *Transgênicos e direito penal*, p. 195-196.

[230] Na Europa, igualmente "não são patenteáveis: a) as variedades vegetais e as raças animais; b) os processos essencialmente biológicos de obtenção de vegetais ou de animais"(art. 4, n.1, *a* e *b*). Todavia, são patenteáveis "as invenções que tenham por objeto um processo microbiológico ou outros processos técnicos, ou produtos obtidos mediante esses processos" (art. 4, n.3). Cf. UNIÃO EUROPÉIA, *Diretiva da comunidade européia* 44/1998, sobre a proteção jurídica das invenções biotecnológicas.

não se constituam em tecnologias genéticas de restrição do uso, pois o patenteamento deste tipo de processo está expressamente proibido pela lei 11.105/2005 (art. 28).

2.2.1.2. Direito de obtenção vegetal e registro de vegetais geneticamente modificados.

Embora não sejam passíveis de patenteamento pela Lei de propriedade industrial, há outra forma jurídica de assegurar o direito de propriedade intelectual sobre os vegetais geneticamente modificados através de *registro* (documentado pelo "Certificado de Proteção de Cultivar"),[231] com base na Lei de proteção de cultivares (Lei 9.456/1997).[232] [233] Segundo o art. 2° do mencionado diploma legal, "a proteção dos direitos relativos à propriedade intelectual referente a cultivar se efetua mediante a concessão de Certificado de Proteção de Cultivar, considerado bem móvel e para todos efeitos legais a única forma de proteção de cultivares e de direito que poderá obstar a livre utilização de plantas ou de suas partes de reprodução ou de multiplicação vegetativa, no país".

A proteção jurídica de variedades vegetais é, portanto, outro aspecto dos direitos da propriedade intelectual que procura reconhecer os desenvolvimentos ou as obtenções dos pesquisadores que atuam nesta área (os melhoristas), conferindo-lhes, por determinado prazo, um direito exclusivo sobre as plantas melhoradas geneticamente. Para obter essa proteção, as novas variedades vegetais estão sujeitas a alguns critérios específicos e o objeto de proteção tutelado por este direito é a cultivar.[234]

De acordo com a referida lei, considera-se cultivar: "a variedade de qualquer gênero ou espécie vegetal superior que seja claramente distinguí-

---

[231] Nesse sentido, DEL NERO, *Propriedade intelectual*, p. 244, 330, 345-346. Para esta autora (*op. cit*, p. 252), o Certificado de Proteção de Cultivares pode ser caracterizado como "registro referente à cultivar protegida".

[232] Regulamentada pelo Decreto 2.366/1997. Vale lembrar que esta lei é decorrência da adesão do Brasil à *Convenção internacional para proteção das obtenções vegetais* (promulgada pelo Decreto n.3.109/1999), elaborada pela União Internacional para Proteção das Obtenções Vegetais (UPOV), em 1961, e revista em 1972 e 1978.

[233] De acordo com HAMMERSCHMIDT (*Transgênicos e direito penal*, p. 197), "as plantas inventadas pelo ser humano por processos de melhoramento genético são protegidas por um sistema *sui generis* de propriedade intelectual de novos melhoramentos vegetais, a Lei de Proteção de Cultivares (Lei 9.456/1997)". Para DEL NERO (op. cit., p. 243-244, 345-346), a forma de proteção jurídica concedida às variedades vegetais e à biotecnologia vegetal por intermédio do direito de melhorista é um sistema *sui generis* mais flexível, que se contrapõe à forma rígida e monopolística própria do sistema de patentes, tendo vantagens e sendo mais adequado em relação a este no que diz respeito aos direitos do agricultor, à livre utilização da cultivar protegida e à possibilidade de comercialização do produto sem o pagamento de *royalties*.

[234] DEL NERO, *Propriedade intelectual*, p. 247.

vel[235] de outras cultivares conhecidas por margem mínima de descritores,[236] por sua denominação própria, que seja homogênea[237] e estável[238] quanto aos descritores através de gerações sucessivas e seja de espécie passível de uso pelo complexo agroflorestal,[239] descrita em publicação especializada disponível e acessível ao público, bem como a linhagem[240] componente de híbridos.[241][242] No entanto, apenas são passíveis de proteção jurídica a nova cultivar[243] ou a cultivar essencialmente derivada,[244] de qualquer gênero ou espécie vegetal[245] e a sua tutela recairá sobre o material de reprodução ou de multiplicação vegetativa[246] da planta inteira. Esta proteção assegura ao seu titular o direito à reprodução comercial no território brasileiro, ficando

---

[235] "cultivar distinta: a cultivar que se distingue claramente de qualquer outra cuja existência na data do pedido de proteção seja reconhecida" (art. 3, VI da Lei 9.456/1997).

[236] "descritor: a característica morfológica, fisiológica, bioquímica ou molecular que seja herdada geneticamente, utilizada na identificação da cultivar"(art. 3, II da Lei 9.456/1997).

[237] "cultivar homogênea: a cultivar que, utilizada em plantio, em escala comercial, apresente variabilidade mínima quanto aos descritores que a identifiquem, segundo critérios estabelecidos pelo órgão competente" (art. 3, VII da Lei 9.456/1997).

[238] "cultivar estável: a cultivar que, reproduzida em escala comercial, mantenha a homogeneidade através de gerações sucessivas" (art. 3, VIII da Lei 9.456/1997). Cabe frisar que o teste de distinguibilidade, homogeneidade e estabilidade (DHE) é "o procedimento técnico de comprovação de que a nova cultivar ou a cultivar essencialmente derivada são distinguíveis de outras cujos descritores sejam conhecidos, homogêneas quanto às suas características em cada ciclo reprodutivo e estáveis quanto à repetição das mesmas características ao longo das gerações sucessivas" (art. 3, XII da Lei 9.456/1997)

[239] "complexo agroflorestal: o conjunto de atividades relativas ao cultivo de gêneros e espécies vegetais, visando, entre outras, à alimentação humana ou animal, à produção de combustíveis, óleos, corantes, fibras e demais insumos para fins industrial, medicinal, florestal e ornamental" (art. 3, XVIII da Lei 9.456/1997).

[240] "linhagens: os materiais genéticos homogêneos, obtidos por algum processo autogâmico continuado" (art. 3, X da Lei 9.456/1997).

[241] "híbrido: o produto imediato do cruzamento entre linhagens geneticamente diferentes"(art. 3, XI da Lei 9.456/1997).

[242] Art. 3, IV da Lei 9.456/1997.

[243] "nova cultivar: a cultivar que não tenha sido oferecida à venda no Brasil há mais de doze meses em relação à data do pedido de proteção e que, observado o prazo de comercialização no Brasil, não tenha sido oferecida à venda em outros países, com o consentimento do obtentor, há mais de seis anos para espécies de árvores e videiras e há mais de quatro anos para as demais espécies" (art. 3, V da Lei 9.456/1997).

[244] "cultivar essencialmente derivada: a essencialmente derivada de outra cultivar se, cumulativamente, for: a) predominantemente derivada da cultivar inicial ou de outra cultivar essencialmente derivada, sem perder a expressão das características essenciais que resultem do genótipo ou da combinação de genótipos da cultivar da qual derivou, exceto no que diz respeito às diferenças resultantes da derivação; b) claramente distinta da cultivar da qual derivou, por margem mínima de descritores, de acordo com critérios estabelecidos pelo órgão competente; c) não tenha sido oferecida à venda no Brasil há mais de 12 (doze) meses em relação à data do pedido de proteção e que, observado o prazo de comercialização, no Brasil, não tenha sido oferecida à venda em outros países, com o consentimento do obtentor, há mais de 6 (seis) anos para espécies de árvores e videiras e há mais de 4 (quatro) anos para ss demais espécies" (Art. 3, IX da Lei 9.456/1997).

[245] A lei também admite a proteção de cultivares que já tenham sido oferecidas à venda até a data do pedido, desde que obedecidas algumas condições (v.art. 4, § 1º da Lei 9.456/1997).

[246] "propagação: a reprodução e a multiplicação de uma cultivar, ou a concomitância dessas ações" (art. 3, XV da Lei 9.456/1997); "material propagativo: toda e qualquer parte da planta ou estrutura vegetal utilizada na sua reprodução e multiplicação" (art. 3, XVI da Lei 9.456/1997)

vedados a terceiros,[247] durante o prazo de proteção, a produção com fins comerciais, o oferecimento à venda ou a comercialização, do material de propagação da cultivar, sem sua autorização.[248]

Como se pode notar, o chamado direito de propriedade intelectual de cultivares (também conhecido como direito de obtenção vegetal, direito de melhorista ou *Plant Breeder's Rights*)[249] visa à proteção da obtenção – inclusive mediante engenharia genética – de variedades vegetais de qualquer gênero ou espécie, dizendo respeito a plantas, mudas e sementes. No entanto, este direito somente é aplicável ao produto obtido (cultivar), mas não ao processo de sua obtenção. Como esclarece Del Nero, "o processo concebido pelo melhorista[250] quanto à obtenção da variedade não é passível de proteção, mas apenas o produto final, ou seja, a nova variedade vegetal (cultivar)"[251] que foi obtida. Deste modo, somente os cultivares transgênicos (vegetais geneticamente modificados) estão juridicamente amparados pela lei 9.456/1997, e não o processo biotecnológico (tecnologia genética) que os criou.

Por fim, o Serviço Nacional de Proteção de Cultivares (SNPC) é o órgão competente para a proteção de cultivares e tem a incumbência de manter o Cadastro Nacional de Cultivares Protegidas (CNCP). E como explica Del Nero, "o Serviço Nacional de Proteção de Cultivares é o órgão estatal competente para conceder a proteção de cultivares, desde que cumpridos, por parte do requerente, os requisitos legais. Nessa medida, o SNPC no que tange à propriedade intelectual de cultivares cumprirá as mesmas finalidades e formalidades que o INPI desempenha no contexto dos direitos e obrigações relativos à propriedade intelectual dos produtos e processos microbiotecnológicos".[252]

2.2.1.3. Licenciamento de patentes e de registros de OGMs

Os direitos de propriedade intelectual decorrentes do patenteamento ou do registro de OGMs podem ser licenciados (voluntariamente ou com-

---

"planta inteira: a planta com todas as suas partes passíveis de serem utilizadas na propagação de uma cultivar" (art. 3, XVII da Lei 9.456/1997)..

[247] Por outro lado, não fere o direito de propriedade intelectual sobre a cultivar protegida aquele que: a) reserva e planta sementes para uso próprio, em seu estabelecimento ou em estabelecimento de terceiros cuja posse detenha; b) usa ou vende como alimento ou matéria-prima o produto obtido do seu plantio, exceto para fins reprodutivos; c) utiliza a cultivar como fonte de variação no melhoramento genético ou na pesquisa científica; e d) sendo pequeno produtor rural, multiplica sementes, para doação ou torça, exclusivamente para outros pequenos produtores rurais, no âmbito de programas de financiamento ou de apoio a pequenos produtores rurais, conduzidos por órgãos públicos ou organizações não-governamentais, autorizados pelo Poder Público. V. art. 10, I, II, III, IV, respectivamente, da Lei 9.456/1997.

[248] V. arts.8 e 9, respectivamente, da Lei 9.456/1997.

[249] Cf. DEL NERO, *Propriedade intelectual*, p. 69, 235.

[250] "melhorista: a pessoa física que obtiver cultivar e estabelecer descritores que a diferenciem das demais" (art. 3, I da Lei 9.456/1996).

[251] DEL NERO, *Propriedade intelectual*, p. 252.

[252] Idem, ibidem, p. 251.

pulsoriamente) pelo titular. Segundo Coelho, licença é o "contrato pelo qual o titular de uma patente ou registro, ou o depositante (licenciador), autoriza a exploração do objeto correspondente pelo outro contratante (licenciado), sem lhe transferir a propriedade intelectual".[253] A autorização pode ser concedida com ou sem exclusividade e admite limitações temporais ou territoriais, hipóteses em que os seus efeitos se circunscrevem aos âmbitos definidos pelas partes. Por outro lado, como se trata de contrato *intuitu personae*, o licenciado não pode, sem autorização expressa do licenciador, sublicenciar a patente ou o registro.[254]

Muito embora a licença, normalmente, seja um ato voluntário, decorrente de acordo amplamente negociado entre o licenciador e licenciado, há casos em que a lei prevê a obrigatoriedade de licenciamento. Trata-se da chamada licença compulsória, na qual o titular da patente ou do registro é obrigado, por ato da autoridade competente, a licenciar o seu uso e exploração em favor de terceiros interessados. Noutros termos, licença compulsória é o instrumento utilizado pelo Poder Público para autorizar, a requerimento de legítimo interessado, a exploração e uso da patente ou registro, independentemente da autorização do seu titular. A figura da licença compulsória está prevista tanto na Lei 9.279/1996 (arts. 68 a 74) como na Lei 9.456/1997 (arts. 28 a 35).[255] Enfim, as licenças compulsórias são outorgadas sem exclusividade e com cláusula proibitiva de sublicenciamento, ficando garantida a remuneração do titular do respectivo direito de propriedade intelectual (direito industrial ou direito de obtenção vegetal).

2.2.1.4. Aspectos jurídico-penais

Quanto aos aspectos penais relativos à patenteabilidade dos OGMs, pode-se suscitar inicialmente a incidência de crimes contra as patentes, previstos no capítulo I do título IV da Lei 9.279/1996, mais especificamente nos arts. 183 a 185.[256] A ofensa à *propriedade industrial* pode ocorrer

---

[253] COELHO, *Curso de direito comercial* (vol.1), 170.

[254] Idem, ibidem, p. 170.

[255] V. também Decreto 2.366/1997 (arts.21 a 27).

[256] Art. 183. Comete crime contra patente de invenção ou de modelo de utilidade quem: I – fabrica produto que seja objeto de patente de invenção ou de modelo de utilidade, sem autorização do titular; ou II – usa meio ou processo que seja objeto de patente de invenção, sem autorização do titular. Pena – detenção, de 3 (três) meses a 1 (um) ano, ou multa. Art. 184. Comete crime contra patente de invenção ou de modelo de utilidade quem: I – exporta, vende, expõe ou oferece à venda, tem em estoque, oculta ou recebe, para utilização com fins econômicos, produto fabricado com violação de patente de invenção ou de modelo de utilidade, ou obtido por meio ou processo patenteado; ou II – importa produto que seja objeto de patente de invenção ou de modelo de utilidade ou obtido por meios ou processo patenteado no País, para os fins previstos no inciso anterior, e que não tenha sido colocado no mercado externo diretamente pelo titular da patente ou com seu consentimento. Pena – detenção, de 1 (um) a 3 (três) meses, ou multa. Art. 185. Fornecer componente de um produto patenteado, ou material ou equipamento para realizar um processo patenteado, desde que a aplicação final do

através do cometimento de crime contra a patente de invenção envolvendo microorganismos geneticamente modificados, já que estes seres vivos são patenteáveis; ou, ainda, quando a patente de invenção estiver relacionada a um processo biotecnológico qualquer.

Por outro lado, e em segundo lugar, poderia se cogitar também da figura criminosa prevista no art. 28 da Lei 11.105/2005, caso haja o patenteamento ou o licenciamento de tecnologias de restrição do uso por parte do titular. Todavia, cabe ressaltar que a abrangência deste tipo penal está delimitada a plantas geneticamente modificadas, pois, de acordo com o parágrafo único do art. 6º da mencionada lei: "entende-se por tecnologias genéticas de restrição do uso qualquer processo de intervenção humana para geração ou multiplicação de plantas geneticamente modificadas para produzir estruturas reprodutivas estéreis, bem como qualquer forma de manipulação genética que vise à ativação ou desativação de genes relacionados à fertilidade das plantas por indutores químicos externos".

No que se refere aos aspectos penais envolvidos com propriedade intelectual de cultivares, cabe referir que, além de não ser viável juridicamente o registro de processos biotecnológicos de acordo com a Lei 9.456/1997, incorre no crime previsto no art. 28 da Lei 11.105/2005 quem registrar ou licenciar qualquer tecnologia genética de restrição de uso. Haverá também a incidência deste crime quando a cultivar for obtida mediante a utilização de tecnologias genéticas de restrição de uso. A constatação desta ocorrência delituosa é relativamente simples, já que a formalização do pedido de proteção da cultivar deve conter a sua origem genética (Lei 9.456/1997, art. 14, III). Por último, vale ressaltar que a Lei de Cultivares chega a mencionar que, "sem prejuízo das demais sanções penais cabíveis", incorre em "crime de violação dos direitos de melhorista" "aquele que vender, oferecer à venda, reproduzir, importar, exportar, bem como embalar ou armazenar para esses fins, ou ceder a qualquer título, material de cultivar protegida, com denominação correta ou com outra, sem autorização do titular" (art. 37). Todavia, trata-se na realidade de um mero esboço de crime. Houve um ato falho do legislador, pois este esqueceu-se de tipificar penalmente o "crime" que desejava, mencionando-o de modo vago sem indicar sequer a sanção penal correspondente, o que torna sem qualquer efeito a disposição em tela para fins penais, sem prejuízo das sanções administrativas e civis cabíveis.[257]

---

componente, material ou equipamento induza, necessariamente, à exploração do objeto da patente. Pena – detenção, de 1 (um) a 3 (três) meses, ou multa.

[257] O referido dispositivo estabelece que o infrator fica obrigado a indenizar o titular "em valores a serem determinados em regulamento, além de ter o material apreendido, assim como a pagar "multa equivalente a 20% (vinte por cento) do valor comercial do material apreendido". E "havendo reincidência quanto ao mesmo ou outro material, será duplicado o percentual da multa em relação à aplicada na última punição, sem prejuízo das demais sanções cabíveis" (art. 37, § 1ºda Lei 9.456/1997).

2.2.2. Comentários dogmáticos

Observação: A legislação anterior (Lei 8.974/1995) não contemplava este crime.

2.2.2.1. Tipo objetivo

Bem jurídico: a biodiversidade.

Sujeito ativo: qualquer pessoa (física), independentemente de qualquer qualidade ou condição pessoal. É crime comum.

Sujeitos passivos: a coletividade e o meio ambiente (natural).

Condutas: as condutas incriminadas são comissivas e consistem em *utilizar* (usar, empregar), comercializar (negociar, vendendo ou comprando), *registrar* (vide comentário acima), (inscrever, consignar por escrito, anotar), *patentear* (vide comentário acima) e *licenciar* (vide comentário acima).

Objeto material: é a planta geneticamente modificada por uma tecnologia genética de restrição do uso.

Elemento normativo: *tecnologias genéticas de restrição do uso* é elemento normativo jurídico do tipo, previsto no art. 6, VII, parágrafo único, da Lei 11.105/2005.

Consumação e tentativa: trata-se de crime de mera conduta em relação à conduta *utilizar*, que se consuma com a simples utilização de tecnologias genéticas de restrição do uso. Todas as demais condutas incriminadas (*comercializar, registrar, patentear* e *licenciar*) constituem crimes materiais, que exigem a ocorrência de resultado naturalístico. Na primeira hipótese mencionada (*utilizar*), a tentativa é inadmissível; na segunda (*comercializar, registrar, patentear* e *licenciar*), ela é admissível.

Resultado jurídico: trata-se de crime de perigo abstrato.

2.2.2.2. Tipo subjetivo

Dolo: representado pela vontade e consciência de realizar o tipo objetivo. O dolo pode ser direto ou eventual.

Elemento subjetivo especial: inexiste.

2.2.2.3. Modalidade culposa

Não há previsão típica da forma culposa.

2.2.2.4. Qualificadoras e causas de aumento de pena

Não há previsão típica de qualificadoras nem de causas de aumento.

2.2.2.5. Pena e questões processuais

Comina-se pena de reclusão, de dois a cinco anos, e multa.
A ação penal é pública incondicionada.

2.3. ART. 29 DA LEI 11.105/2005 (PRODUÇÃO, ARMAZENAMENTO, TRANSPORTE, COMERCIALIZAÇÃO, IMPORTAÇÃO OU EXPORTAÇÃO IRREGULAR DE OGM OU SEUS DERIVADOS)

> Art. 29. Produzir, armazenar, transportar, comercializar, importar ou exportar OGM ou seus derivados, sem autorização ou em desacordo com as normas estabelecidas pela CTNBio e pelos órgãos e entidades de registro e fiscalização.
> Pena – reclusão, de 1 (um) a 2 (dois) anos, e multa.

2.3.1. Comentários gerais

2.3.1.1. Comércio de OGMs (alimentos transgênicos)

Os avanços ocorridos no campo da biologia molecular e da engenharia genética nos últimos anos tornaram possível o isolamento, a manipulação e a transferência de genes entre os organismos. Pode-se, assim, introduzir em plantas, animais ou microorganismos genes que expressam características relevantes e de enorme potencialidade econômica para a indústria agropecuária e para a indústria de alimentos, sobretudo no que digam respeito ao aumento da produtividade (p.ex, plantas mais resistentes a herbicidas, pragas e ambientes hostis) e da qualidade (p.ex. produtos mais saborosos, nutritivos e saudáveis) dos insumos e alimentos a serem comercializados. Especificamente na seara alimentar, os conhecimentos obtidos pela biotecnologia agropecuária vêm sendo canalizados em peso para o melhoramento dos mais variados alimentos (carnes, verduras, frutas, rações, etc.) consumidos pelos seres humanos e pelos animais.[258]

---

[258] A biotecnologia agropecuária não é uma questão nova dentro da indústria agropecuária e de alimentos. Como acentua SILVER, nos últimos cem anos, desde o descobrimento dos micróbios, a tecnologia de alimentos não parou de se desenvolver, sobretudo com a introdução do uso de substâncias químicas na produção, na industrialização e na conservação dos produtos.(...). Assim foi com os aditivos, com os agrotóxicos, com os anabolizantes utilizados nos gados, com os antibióticos, com a irradiação dos alimentos e, agora, com a engenharia genética, sendo que todas estas tecnologias prometem eliminar a fome no mundo e substituir outros métodos convencionais de produção e industrialização de alimentos". (SILVER, In: Soares/Soares (Orgs.). *A sociedade frente à biotecnologia e os produtos transgênicos*, p. 31, 33). De qualquer forma, a nova agropecuária biotecnológica, através da engenharia genética, permite que as alterações no genoma do organismo sejam muito mais precisas e previsíveis, ao contrário

A entrada de organismos geneticamente modificados (OGMs) ou de alimentos contendo elementos geneticamente modificados – mais popularmente conhecidos como alimentos transgênicos – no mercado global iniciou-se a partir da década de 90 do século XX, e os primeiros países que começaram a comercializá-los foram a China (1992) e os Estados Unidos (1994). Desde então, o comércio internacional de OGMs não pára de crescer, e em ritmo acelerado. Contudo, além dos problemas relativos à natural disputa de mercado, a questão da comercialização dos alimentos transgênicos vem se constituindo num tema muito discutido e ao mesmo tempo polêmico na atualidade, devido aos riscos (alguns ainda desconhecidos) que podem trazer à vida e saúde humanas[259] quando tais alimentos são ingeridos pelos consumidores.

Diante disso, constata-se ser preciso regulamentar juridicamente o comércio dos alimentos transgênicos – respeitando, sempre, o sagrado direito de informação do consumidor[260] –, pois a própria Constituição Federal estabelece que, para assegurar a efetividade do "direito ao meio ambiente ecologicamente equilibrado, bem de uso comum do povo e essencial à coletividade" (art. 225 *caput*), incumbe ao Poder Público: (...) II – preservar a diversidade e a integridade do patrimônio genético do País e fiscalizar as entidades dedicadas à pesquisa e manipulação do material genético; (...) V – controlar a produção e o emprego de técnicas, métodos e substâncias que comportem risco para a vida, a qualidade de vida e o meio ambiente".

Neste sentido, e visando a concretizar o anseio constitucional, surgiu, então, inicialmente, a primeira edição da Lei de Biossegurança (Lei 8.974/1995), hoje revogada pela atual Lei de Biossegurança (Lei 11.105/2005), que regulamenta os referidos incisos II e V do § 1º do art. 225 da CF e estabelece normas de segurança e mecanismos de fiscalização sobre OGMs e seus derivados, tendo como diretrizes o estímulo ao avanço científico na área de biossegurança e biotecnologia, a proteção à vida e à saúde humana, animal e vegetal, e a observância do princípio da precaução para a proteção do meio ambiente (art. 1º da Lei 11.105/2005).

Desta forma, no Brasil, o comércio de produtos transgênicos hoje está regulamentado pela mencionada Lei 11.105/2005,[261] que permite a sua prá-

---

da agropecuária tradicional, na qual os "melhoramentos" são imprecisos e muitas vezes aleatórios e estão limitados à variação natural do meio ambiente, além dos seus resultados demandarem uma enorme quantidade de tempo (v. NICOLELLIS, *Alimentos transgênicos*, p. 30)

[259] As principais preocupações acerca dos efeitos adversos decorrentes da ingestão de alimentos geneticamente modificados estão relacionadas com as possibilidades de resistência a antibióticos, de reações alérgicas e intoxicações (Idem ibidem, p. 40).

[260] No mesmo sentido, Idem, ibidem, p. 42.

[261] Por sua vez, esta lei está regulamentada pelo Decreto 5.591/2005.

tica desde que se obtenha decisão favorável da CTNBio,[262] e sejam obedecidas as demais exigências estabelecidas pelos órgãos e entidades de registro e fiscalização (Ministério da Saúde, Ministério da Agricultura, Pecuária e Abastecimento, Ministério do Meio Ambiente, e Secretaria Especial de Aqüicultura e Pesca da Presidência da República).[263]

Vale frisar, ainda, que o comércio de plantas, animais e de microorganismos geneticamente modificados é uma operação complexa, envolvendo geralmente várias etapas antes de o produto chegar às prateleiras do seu destinatário final, o consumidor. De acordo com a lei 11.105/2005, considera-se "atividade de uso comercial" a que não se enquadra como atividade de pesquisa, e que trata do cultivo, da produção, da manipulação, do transporte, da transferência, da comercialização, da importação, da exportação, do armazenamento, do consumo, da liberação e do descarte do OGMs e seus derivados para fins puramente comerciais (art. 1, § 2º); ou seja, as atividades de uso comercial são atividades especialmente voltadas às indústrias agropecuária e alimentar, que se destinam ao consumo humano e animal. Por outro lado, aquele que pretender comercializar plantas geneticamente modificadas, ou suas partes, para fins de consumo humano ou animal, deverá obedecer à IN 20/2001 da CTNBio, que estabelece normas para avaliação da segurança alimentar desses produtos, incluindo um questionário (fluxograma) com questões relativas ao organismo doador, à planta receptora, à proteína expressa no vegetal geneticamente modificado, à qualidade nutricional, à alergenicidade, e a outros efeitos adversos.

No que tange ao consumo de alimentos transgênicos, o Código de Defesa do Consumidor, seguindo orientação consubstanciada na Constituição Federal (art. 1º, III; e art. 5º, caput, e XXXII), preconiza que os produtos colocados no mercado de consumo "não acarretarão risco à saúde ou segurança dos consumidores, exceto os considerados normais e previsíveis em decorrência de sua natureza e fruição, obrigando-se os fornecedores, em qualquer hipótese, a dar as informações necessárias e adequadas a seu respeito" (art. 8º). Aliás, o referido Código prevê, como um dos direitos básicos do consumidor, o de receber "a informação adequada e clara sobre os diferentes produtos com especificação correta de quantidade, características, composição, qualidade e preço, bem como os riscos que os mesmos apresentem (art. 6º, III). Além disso, o art. 31 do mencionado diploma determina que "a oferta e apresentação de produtos e serviços devem assegurar informações corretas, claras, precisas, ostensivas e em língua

---

[262] A autorização da CTNBio para a liberação comercial de determinado OGM deverá ser sempre analisada caso a caso, de forma criteriosa (art. 14, III e IV da Lei 11.105/2005). Em caso de divergência quanto à decisão técnica da CTNBio sobre a liberação comercial de alimentos transgênicos, a decisão final cabe ao Conselho Nacional de Biossegurança –CNBS–, nos termos do art. 8º, III e § 7º, do art. 16 da Lei 11.105/2005 c/c art. 48, III, do Dec.5.591/2005.

[263] V. art. 16 da Lei 11.105/2005.

portuguesa sobre suas características, qualidades, quantidade, composição, preço, garantia, prazos de validade e origem, entre outros dados, bem como sobre os riscos que apresentem à saúde e segurança dos consumidores", constituindo crime contra as relações de consumo, com pena de detenção de três meses a um ano e multa, a conduta de "fazer afirmação falsa ou enganosa, ou omitir informação relevante sobre a natureza, característica, qualidade, quantidade, segurança, desempenho, durabilidade, preço ou garantia de produtos e serviços" (art. 66), ainda que seja cometida na forma culposa[264] (art. 66, parágrafo único).

    Em relação aos alimentos transgênicos especificamente, a atual Lei de Biossegurança, em seu art. 40, estatui que os alimentos e ingredientes alimentares destinados ao consumo humano ou animal que contenham ou sejam produzidos a partir de OGMs ou derivados deverão conter essa informação nos seus rótulos, conforme regulamento. Por sua vez, o art. 91 do Decreto 5.591/2005 – que regulamenta a referida Lei de biossegurança – igualmente determina a rotulagem, "na forma de decreto específico". Em princípio, pode-se afirmar que o Decreto 4.680/2003 – além de expressamente regulamentar o direito à informação, assegurado pela Lei 8.078/1990 (art. 1º) –, é na realidade a norma regulamentadora da nova Lei de Biossegurança no que diz respeito à rotulagem de alimentos transgênicos, disciplinando a rotulagem de alimentos e ingredientes alimentares destinados ao consumo animal ou humano que contenham ou sejam produzidos a partir de organismos geneticamente modificados (art. 1º). Assim, o art. 2º do Decreto 4.680/2003 determina que: "na comercialização de alimentos e ingredientes alimentares destinados ao consumo humano ou animal desde que contenham ou sejam produzidos a partir de organismos geneticamente modificados, com presença acima do limite de 1% do produto, o consumidor deverá ser informado da natureza transgênica desse produto".[265] A informação que deve constar obrigatoriamente do rótulo da embalagem ou do recipiente em que os produtos estão contidos – tanto nos produtos embalados como nos vendidos a granel ou *in natura* –, consiste na inclusão de uma das seguintes expressões, dependendo do caso: "(nome do produto) transgênico", "contém (nome do ingrediente ou ingredientes) transgênico(s)" ou "produto produzido a partir de (nome do produto) transgênico" (art. 2, § 1º). No que tange aos alimentos e ingredientes produzidos a partir de animais alimentados com ração contendo ingredientes transgênicos, os rótulos deverão trazer a seguinte expressão: "nome do animal" alimentado com ração contendo ingrediente transgênico" ou "(nome do ingrediente)

---

[264] Neste caso, a pena é de detenção de um a seis meses ou multa.

[265] Quanto à rotulagem, observa NICOLELLIS (*Alimentos Transgênicos*, p. 82, nota 2) que o anterior Decreto 3.871/2001 era menos rigoroso que o atual Decreto n.4680/2003, pois determinava que a rotulagem só era obrigatória nos alimentos que contivessem mais de 4% de OGMs em sua composição. Aduz ainda o autor que, todavia, a indústria alimentar ainda luta para que o percentual volte a ser o de 4%, pois é inevitável a presença de elementos não-intencionais no produto oferecido ao consumidor.

Direito Penal Genético

produzido a partir de animal alimentado com ração contendo ingrediente transgênico" (art. 3º). Por outro lado, o Decreto 4.680/2003 estabelece que o Ministério da Justiça deve definir um símbolo que identifique o produto como transgênico, símbolo este que deverá ficar destacado no painel principal da embalagem ou recipiente, juntamente com as expressões acima descritas. Aliás, quanto a isso, a Portaria 2.658/2003 regulamentou o símbolo que deve compor a embalagem dos alimentos e ingredientes alimentares, que contenham ou sejam produzidos a partir de organismos geneticamente modificados, tratando-se de um T envolvido por um triângulo.[266] Todavia – como acentua Nicolellis –, na questão da rotulagem dos alimentos transgênicos não se pode mais discutir a segurança alimentar ou que o produto oferece risco não aceitável à saúde, pois nenhum alimento que tenha sido geneticamente modificado pode ser oferecido ao consumidor sem a anterior permissão da CTNBio.[267] A rotulagem é um procedimento posterior ao da autorização e aprovação pelos órgãos competentes; somente depois de liberados para a comercialização e para o consumo, através de respectivo parecer técnico da CTNBio sobre a sua biossegurança, e após serem devidamente registrados no Ministério da Saúde, Ministério da Agricultura, Pecuária e Abastecimento, Ministério do Meio Ambiente, e Secretaria Especial de Aqüicultura e Pesca da Presidência da República,[268] conforme o caso, é que os alimentos transgênicos poderão ser disponibilizados no mercado.

Enfim, quanto aos crimes relacionados com a comercialização de alimentos transgênicos, pode-se vislumbrar as seguintes hipóteses de incidência típica: a) se a comercialização estiver sem autorização ou em desacordo com as normas estabelecidas pela CTNBio e pelos demais órgãos e entidades de registro e fiscalização, configura-se o crime previsto no art. 29 da Lei 11.105/2005; b) se a comercialização envolver plantas geneticamente modificadas obtidas a partir de tecnologias genéticas de restrição do uso, incide o tipo penal previsto no art. 28 da Lei 11.105/2005; c) quanto ao procedimento da rotulagem, poderá ocorrer o crime previsto no art. 66 do Código do Consumidor, caso não haja a devida informação ao consumidor sobre a natureza do produto contendo OGMs, ou se a informação for falsa ou enganosa sobre a sua quantidade.

2.3.1.2. Importação e exportação de OGMs

Inicialmente, é importante ressalvar que tanto a importação como a exportação de OGMs seguem ditames internacionais.

---

[266] NICOLELLIS, *Alimentos transgênicos*, p. 83.
[267] Idem, ibidem, p. 84,91. Nesse sentido – segue o autor – a rotulagem de alimentos transgênicos deve ser enfocada sob o aspecto do direito de informação e escolha do consumidor, que pode optar entre adquirir um alimento convencional – não transgênico –, e um alimento transgênico; mas não sob o aspecto da saúde do consumidor e da segurança alimentar (NICOLELLIS, idem, p. 92).
[268] Além de emitir as autorizações e registros, estes órgãos são competentes, conforme o caso, pela fiscalização dos produtos que contenham OGMs.

O Protocolo de Cartagena sobre Biossegurança da Convenção sobre Biodiversidade[269] (ONU, 2000), visando contribuir para assegurar um nível adequado de proteção no campo da transferência, da manipulação e do uso seguros dos organismos geneticamente modificados resultantes da biotecnologia moderna que possam ter efeitos adversos na conservação e no uso sustentável da diversidade biológica, enfoca especialmente a questão dos movimentos transfronteiriços (art. 1º), isto é, os movimentos de organismos geneticamente modificados (vivos), realizados de um Estado a outro. Estes movimentos transfronteiriços de OGMs podem ter fins comerciais ou científicos e envolvem as atividades de exportação e importação.

Por exportação se entende o movimento transfronteiriço intencional de um Estado a outro, sendo que exportador é qualquer pessoa física ou jurídica, sujeita à jurisdição do Estado exportador, que providencie a exportação do organismo geneticamente modificado. Já por importação se entende o movimento fronteiriço intencional para um Estado de outro Estado, e importador é qualquer pessoa física ou jurídica, sujeita à jurisdição do Estado importador, que providencie a importação do organismo geneticamente modificado.[270]

Por outro lado, caso não observem certas formalidades e procedimentos, as atividades de exportação e importação podem ser consideradas movimentos transfronteiriços ilícitos, sendo passíveis de penalização para cada Estado.[271]

Na esteira desta orientação internacional, a Lei 11.105/2005 proíbe os movimentos transfronteiriços ilícitos, incriminando a importação e exportação de OGMs irregulares quando estas atividades forem realizadas em desacordo com as normas estabelecidas pela CTNBio e pelos órgãos e entidades de registro e fiscalização (art. 29).

Até o momento, as normas relativas à importação de OGMs referidas pela lei são aquelas previstas especificamente nas Instruções Normativas 02/1996, 11/1998 e 13/1998; e, mais genericamente, na IN 20/2001. Quanto à exportação de OGMs, ainda não existem normativas editadas pela CTNBio a respeito disso.

A IN 02/1996 trata das normas provisórias para a importação de vegetais geneticamente modificados destinados à pesquisa, aplicando-se à introdução no país de vegetais geneticamente modificados, e suas partes, representadas por pequenas quantidades ou amostras de sementes, plantas vivas, frutos, estacas ou gemas, bulbos, tubérculos, rizomas, plantas *in vitro*, ou quaisquer partes de plantas geneticamente modificadas, com

---
[269] Aprovado pelo Decreto Legislativo 908/2003.
[270] *Protocolo de Cartagena sobre Biossegurança* (ONU, 2000), art. 3, *c, d, e, f.*
[271] Idem, ibidem, art. 25.

capacidade de reprodução ou multiplicação. Esta IN refere ainda que qualquer introdução de OGM no país terá que ser autorizada por uma permissão de importação (permissão para a importação do vegetal geneticamente modificado), obtida, mediante requerimento, junto ao Departamento de Defesa e Inspeção Vegetal (DDIV), do Ministério da Agricultura, Pecuária e Abastecimento. O DDIV concederá ou não a permissão, de acordo com o parecer técnico da CTNBio, baseado na análise de inúmeras informações a respeito das instituições importadora e doadora (nome, endereço e telefone) e do vegetal geneticamente modificado (nome, classificação, metodologia utilizada, justificativa técnica da importação, utilização pretendida, local de desembarque no Brasil, meio de transporte, etc.), envolvidos no requerimento. Tanto a permissão para importação, quanto a autorização de despacho no ponto de entrada no país do vegetal geneticamente modificado ficam a cargo do DDIV e estão sujeitas às exigências contidas no Decreto 24.114/1934, e na Portaria 148/1998, do Ministério da Agricultura, Pecuária e Abastecimento, que rege a introdução no país de vegetais para a pesquisa. Enfim, cabe referir que o material introduzido será utilizado em regime de contenção e a autorização não permite a realização de pesquisa de campo. Por fim, a IN 20/2001 – que dispõe sobre as normas para avaliação da segurança alimentar de plantas geneticamente modificadas (destinadas à alimentação humana ou animal) ou de suas partes e dá outras providências – estabelece que as plantas geneticamente modificadas e suas partes, importadas, cujo plantio comercial no país não tenha sido ainda autorizado pelas autoridades competentes, estarão sujeitas a requisitos adicionais, estabelecidos, caso a caso, pela CTNBio, de modo a evitar escape para o meio ambiente. Ademais, todas as propostas de importação de plantas geneticamente modificadas e de suas partes, para consumo humano ou animal, deverão conter respostas a um fluxograma (constante da própria IN 20/2001) para os procedimentos de avaliação e segurança desses produtos e emissão do parecer técnico conclusivo pela CTNBio.

Já a IN 11/1998 dispõe especificamente sobre a importação de microorganismos geneticamente modificados (incluindo bactérias, fungos, vírus, clamídias, riquétsias, micoplasmas, linhagens celulares, parasitos e organismos afins) para uso em trabalho de contenção. De acordo com a referida IN, só poderá importar a entidade interessada que possuir o CQB (Certificado de Qualidade em Biossegurança), sendo que esta importação é restrita apenas para uso em contenção pela instituição que realizou a importação. Por outro lado, a habilitação para importação dependerá da classificação do OGM (microorganismo), cabendo isso ao CIBio da instituição responsável pela importação, nos termos da IN 07/1997. Se a CIBio classificar o microorganismo geneticamente modificado como pertencente ao Grupo I, a habilitação para sua importação deverá ser emitida diretamente pela CIBio. No entanto, de qualquer forma esta deverá incluir notificação de toda importação feita no seu relatório anual a ser enviado à CTNBio. Em se tratando de microorganismos do Grupo II, a CIBio da instituição responsável pela importação deverá solicitar por escrito autorização de importação à CTNBio, observando formulário específico constante do apêndice da IN 11/1998. Enfim, caso o requerente tenha dúvida quanto à classificação do microorganismo a ser importado (grupo I ou Grupo II), a instituição, através de sua CIBio, deverá consultar a CTNBio.

Por sua vez, a IN 13/1998 dispõe sobre a importação de animais geneticamente modificados para uso de trabalho em regime de contenção. Esta modalidade de importação – restrita para uso em trabalho de contenção pela instituição que realizou a importação – deverá ser sempre feita por uma entidade que possua CQB (Certificado de Biossegurança), extensivo ao seu biotério. Da mesma forma que a instrução normativa anterior (IN 11/1998), a habilitação para importação dependerá da classificação do OGM (animal), cabendo tal tarefa à CIBio da instituição responsável pela importação, mas de acordo com a IN 12/1997. Se a CIBio classificar o animal geneticamente modificado como pertencente ao Grupo I (nível 1), a habilitação para sua importação deverá ser emitida diretamente pela CIBio. No entanto, esta deverá incluir notificação de toda importação feita no seu relatório anual a ser enviado à CTNBio. Por outro lado, em se tratando de animais do Grupo II (níveis 2, 3 ou 4), a CIBio da instituição responsável pela importação deverá requerer autorização de importação à CTNBio, observando formulário próprio constante do apêndice da IN 13/1998.

Por derradeiro, e como foi referido acima, inexistem normas da CTNBio dispondo sobre a exportação de OGMs. Diante disso, pode-se concluir que também não é aplicável o tipo do art. 29 no que se refere à exportação, já que se trata de norma penal em branco e o seu complemento está ausente.

2.3.1.3. Transporte de OGMs

As normas para o transporte de OGMs estão contidas na IN 04/1996, que estabelece diversos procedimentos de biossegurança, dependendo da classificação (grau de risco) e dos locais de origem e destino do OGM. Tanto a entidade remetente quanto aquela de destino, localizadas em território nacional, devem possuir o Certificado de Qualidade em Biossegurança (CQB) para desenvolver este tipo de atividade. Para o transporte de OGMs do Grupo I, e antes da remessa do material biológico, o pesquisador principal remetente, responsável em providenciar o transporte, deverá notificar as CIBios da instituição a que pertence (instituição remetente) e da instituição de destino (instituição destinatária). Todavia, no caso de OGMs do Grupo II, o pesquisador principal remetente, além de notificar a CIBio de sua instituição – que solicitará a anuência da CIBio da instituição de destino –, deverá requerer autorização para o transporte à CTNBio, de acordo com formulário próprio constante da mencionada IN. Ademais, o pesquisador principal remetente deverá fazer o seguinte: a) informar à CIBio de sua entidade e àquela da entidade de destino sobre o conteúdo, o volume, o local e as condições de embalagem para OGMs dos Grupos I e II; b) informar às CIBios envolvidas e ao transportador sobre os cuidados devidos no transporte e sobre os procedimentos de emergência no caso de escape ou acidente durante a realização do mesmo. Por fim, no caso de transporte para fora do país, a CIBio da entidade remetente será responsável pelo cumprimento das exigências destas normas, inclusive encaminhando à CTNBio a solicitação de autorização para o transporte de OGMs do Grupo II. Após a chegada do material biológico enviado, o destinatário deverá notificar o remetente sobre o seu recebimento e sobre as condições do mesmo.[272]

2.3.1.4. Armazenamento de OGMs

O armazenamento de OGMs em certos recipientes, embalagens, depósitos, e armazéns apropriados é uma atividade de pesquisa ou de uso comercial. A CTNBio ainda não editou uma norma dedicada especialmente ao armazenamento de OGMs. Todavia, pode-se afirmar que na IN 04/1996 se encontram algumas normas sobre tal atividade, mas relacionadas ao transporte de OGMs. Trata-se, portanto, de uma norma indireta sobre o armazenamento de OGMs.

Assim, nos termos da IN 04/1996, o pesquisador principal remetente deve assegurar que o OGM a ser transportado estará contido em embalagens firmemente fechadas ou vedadas, para prevenir o escape do mesmo, devendo ser utilizados sempre dois recipientes, ambos claramente identificados: um interno (tubo de ensaio, placa de Petri, envelope com sementes), que conterá o OGM a ser transportado; e outro externo (inquebrável), que cobrirá o recipiente anterior. Para o transporte de OGMs do Grupo II, o recipiente interno também deverá ser inquebrável, claramente identificado e fechado, e, caso sejam enviados vários recipientes com OGM, a embalagem externa deverá possuir proteção adequada, conter material absorvente e protetores de impacto, dispostos entre aqueles que contêm o OGM. Além disso, há procedimentos diversos de armazenamento, dependendo da quantidade do volume de líquido (líquidos em volume total até 50 ml e líquidos em volume maior do que 50ml) transportada, e das substâncias utilizadas no armazenamento (gelo seco ou nitrogênio líquido). No entanto, em todos os casos de armazenamento de OGM para transporte exige-se a identifica-

---

[272] Sobre o transporte de OGMs para o exterior, vide, ainda, *Protocolo de Cartagena sobre Biossegurança* (ONU, 2000), esp. arts.8, 9 e 18.

ção do símbolo de biossegurança e de "frágil" com a seguinte mensagem: "cuidado: abertura autorizada apenas no interior do laboratório por técnico especializado". Enfim, a embalagem externa deverá conter o nome, endereço completo e telefone, tanto do destinatário quanto do remetente.

Por conseguinte, e quanto aos aspectos penais, somente neste caso (armazenamento no transporte de OGMs) poderá ser complementado o preceito do tipo previsto no art. 29 da Lei 11.105/2005. Nos demais, não será possível tipificar qualquer outro tipo de armazenamento realizado devido à ausência de IN pertinente. E inexistindo seu complemento, não pode subsistir o próprio tipo penal.

2.3.1.5. Produção de OGMs

Produção consiste na atividade de criar, formar ou gerar um OGM. Em sentido amplo, produção é a atividade que envolve a construção e a produção em sentido estrito de OGM, através da manipulação de seres vivos (animais, vegetais, microorganismos), em grande ou pequena escala. Com efeito, pode-se falar tanto duma produção científica (construção) de OGMs, quanto duma produção comercial/industrial (produção em sentido estrito) de OGMs.[273] Nesse sentido, aliás, a Lei 11.105/2005 considera a construção de OGMs como uma atividade de pesquisa, e a produção de OGMs como sendo uma atividade de uso comercial (art. 1º, §§ 1º e 2º). Todavia, e para serem licitamente desenvolvidas, ambas atividades de produção requerem autorização da CTNBio.

Quanto à produção científica de OGMs (atividade de pesquisa), a CTNBio editou quatro Instruções Normativas a saber: IN 6/1997, IN 7/1997, IN 12/1998 e IN 15/1998, sendo que todas elas dizem respeito ao trabalho (ou uso) em contenção, isto é, àquele trabalho realizado em condições que não permitam o escape ou liberação para o meio ambiente[274]. Assim, e diante dos bio-riscos para o meio ambiente e para o homem que estão envolvidos com os experimentos com OGMs, as pesquisas realizadas em condições confinadas devem seguir as normas comuns de "Boas Práticas Laboratoriais (*Good Laboratory Practices*)" e os estabelecimentos devem conter equipamentos apropriados de contenção de riscos para evitar contaminações, infecções e a poluição biológica. Ressalte-se, ainda, que o nível de risco do OGM determinará o tipo de confinamento a ser adotado e no caso de riscos mais elevados (p. ex., genes que expressam toxicidade

---

[273] A produção comercial de OGM e seus derivados pode se destinar à indústria agropecuária, biomédica ou de alimentos.

[274] Segundo o *Protocolo de Cartagena sobre Biossegurança* (ONU, 2000), por uso em contenção "se entende qualquer operação, realizada dentro de um local, instalação ou outra estrutura física que envolva manipulação de organismos vivos modificados que sejam controlados por medidas específicas que efetivamente limitam seu contato com o ambiente externo e seu impacto no mesmo" (art. 3º, b).

ou patogenicidade, ou organismos patogênicos ou parasitas), controles e confinamentos mais restritos devem ser usados.[275]

Nesta linha, a IN 06/1997 dispõe sobre experimentos com vegetais geneticamente modificados e outros organismos a eles associados, classificando-os em quatro níveis de risco (Grupos de risco I, II, III e IV), com base nos seguintes critérios: a) DNA/RNA transferidos; b) vetor utilizado; c) hospedeiro; d) quantidade do organismo envolvido e e) local de realização do (s) experimento (s). Por conseguinte, dentro do Grupo de Risco 1 estão os experimentos envolvendo: a) vegetais geneticamente modificados cujos organismos parentais não causam doenças ao homem, animais ou plantas, que não são ervas daninhas ou não cruzam com estas, ou que, devido à localização geográfica do experimento, não cruzem com ervas daninhas; b) vegetais geneticamente modificados ou não e microorganismos geneticamente modificados não exóticos a eles associados que não tenham potencial para disseminação rápida ou para causar sério impacto negativo no ecossistema natural ou manejado (p. ex. Rhizobium spp. e Agrobacterium spp.). Já dentro do Grupo II, estão os experimentos que envolvem: a) vegetais geneticamente modificados que são ervas daninhas ou podem cruzar com ervas daninhas, em área geográfica que torne este cruzamento possível; b) plantas nas quais o DNA/Rna introduzido representa o genoma completo de um agente infeccioso não exótico, ou onde haja a possibilidade de reconstituição completa e funcional do genoma deste agente infeccioso por complementação genômica na planta; c) plantas associadas a microorganismos geneticamente modificados não exóticos que tenham potencial para produzir efeitos negativos em ecossistemas naturais e manejados; d) plantas nas quais o DNA/RNA introduzido representa o genoma completo de um agente infeccioso exótico, ou onde haja a possibilidade de reconstituição completa e funcional do genoma deste agente infeccioso por complementação genômica na planta ou que não tenham potencial para produzir efeitos negativos em ecossistemas naturais ou manejados; e e) plantas associadas a artrópodes ou pequenos animais geneticamente modificados, ou microorganismos a eles associados, se o organismo geneticamente modificado não tiver potencial para produzir efeitos negativos em ecossistemas naturais ou manejados. Por sua vez, no Grupo de Risco III, inserem-se: a) as plantas nas quais o DNA/RNA introduzido representa o genoma completo de um agente infeccioso exótico transmissível, ou onde haja a possibilidade de reconstituição completa e funcional do genoma deste agente infeccioso por complementação genômica na planta que tenha potencial para produzir efeitos negativos em ecossistemas naturais ou manejados; b) plantas ou microrganismos a eles associados em que foram introduzidas seqüências que codificam para toxinas a vertebrados; e c)microrganismos patogênicos a

---

[275] FONTES/SANTOS/GAMA, in: Teixeira/Valle (Orgs.), *Biossegurança*, p. 317.

insetos ou outros pequenos animais associados com plantas, se o organismo geneticamente modificado tem potencial para produzir efeitos negativos em ecossistemas naturais ou manejados. Enfim, enquadra-se no Grupo IV o pequeno número (pequena quantidade ou em pequena escala) de agente infeccioso exótico transmissível na presença de seu vetor que tenha potencial para ser patógeno sério para espécies cultivadas no país, sendo vedado este tipo de experimento em grande escala. Por outro lado, de acordo com os níveis dos riscos dos experimentos envolvendo vegetais geneticamente modificados, a referida IN estabelece quatro níveis de contenção (Níveis de Biossegurança 1, 2, 3 e 4), sendo que o nível de contenção de um experimento deverá ser baseado no nível de risco dos organismos envolvidos no experimento e será determinado pelo organismo de maior nível de risco, seja este ou não um OGM. Por fim, a IN impõe diversos procedimentos e medidas – considerados apropriados – a serem adotados nas chamadas casas de vegetação.[276] Dependendo do nível de biossegurança, estes procedimentos podem ser mais ou menos rigorosos.

Já a IN 07/1997 dispõe sobre as normas para trabalho em contenção com microorganismos geneticamente modificados, aplicando-se ao trabalho de pesquisa, produção, desenvolvimento tecnológico, ensino e controle de qualidade que utilizem estes OGMs em regime de contenção realizado no território nacional, assim como ao trabalho no qual microorganismos não modificados geneticamente são cultivados nas mesmas instalações ou ambientes de OGMs. Esta IN classifica os microorganismos geneticamente modificados em dois grupos de risco (Grupo I e Grupo II) de acordo com os seguintes aspectos: a) a classe de risco[277] e as características do organismo receptor ou parental (hospedeiro); b) o vetor; c) o inserto e d) o OGM resultante. Por conseguinte, será considerado como microorganismo geneticamente modificado do Grupo I aquele que se enquadrar no critério de não patogenicidade, resultando de organismo receptor ou parental não patogênico (classificado como classe de risco 1). De outra banda, será considerado como microorganismo geneticamente modificado do Grupo II qualquer microorganismo que, dentro do critério de patogenicidade, for resultante de organismo receptor ou parental classificado como patogênico (classificados nas classes de risco 2, 3 e 4) para o homem e para o meio ambiente. Tendo em vista estes diferentes tipos de riscos, existem por sua

---

[276] Segundo a IN 06/1997, casa de vegetação "refere-se a uma estrutura com paredes, um teto e um piso, projetada e usada, principalmente, para o crescimento de plantas em ambiente controlado e protegido. As paredes e o teto são geralmente construídos de material transparente ou translúcido para permitir a passagem de luz solar".

[277] De acordo com o critério de patogenicidade o organismo receptor ou parental a ser utilizado no trabalho que originará o OGM será classificado com base no seu potencial patogênico para o homem e para o meio ambiente, em quatro classes de risco: a) classe de risco 1 (baixo risco individual e baixo risco para a comunidade); b) classe de risco 2 (risco individual moderado e risco limitado para a comunidade); c) classe de risco 3 (elevado risco individual e risco limitado para a comunidade) e d) classe de risco 4 (elevado risco individual e elevado risco para a comunidade). Cf. CTNBio, IN 07/1997.

vez quatro níveis de biossegurança (NB-1, NB-2, NB-3 e NB-4), crescentes no maior grau de contenção e complexidade. Desta forma, apenas os microorganismos classificados no Grupo I poderão ser trabalhados (construídos e manipulados) em nível de biossegurança 1 (NB-1), enquanto os demais, classificados no Grupo II, deverão ser construídos e manipulados sob as condições previstas para os Níveis de Biossegurança 2, 3 e 4 (NB-2, NB-3 e NB-4), respectivamente, e conforme a classificação de risco do organismo receptor ou parental que lhe deu origem. Cabe ressaltar, ainda, que os experimentos envolvendo mais de 10 litros de cultura com microorganismos geneticamente modificados (produção em grande escala) enquadram-se nos níveis de biossegurança em grande escala (NBGE-1, NBGE-2 e NBGE-3). Por fim, a IN impõe diversos procedimentos e/ou medidas considerados apropriados a serem adotados nos laboratórios e nas cabines de segurança biológica.[278] Dependendo do nível de biossegurança, estes procedimentos/medidas podem ser mais ou menos rigorosos.

Por outro lado, a IN 12/1998 trata das normas para trabalho em contenção com animais geneticamente modificados, aplicando-se ao trabalho de pesquisa, produção, desenvolvimento tecnológico, ensino e controle de qualidade que utilizem animais geneticamente modificados nestas condições. Além de definir animal geneticamente modificado (AnGM) como "todo aquele que tenha ácido nucléico exógeno intencionalmente incorporado no genoma de suas células germinativas ou somáticas", esta IN também classifica os AnGMs em dois grupos, conforme o risco que apresentem, e, de acordo com esses, os respectivos níveis de biossegurança. Assim, AnGMs do Grupo de Risco I são os AnGMs de nível de biossegurança 1 (NB-A1),[279] e ANGMs do Grupo de Risco II são os AnGMs de níveis de biossegurança 2 (NB-A2), 3 (NB-A3), ou 4(NB-A4). Existem, portanto, quatro níveis de contenção (biossegurança) para o trabalho com animais geneticamente modificados, sendo que o nível de biossegurança do biotério e Salas de Experimentação deverá ser sempre igual ou maior do que o nível de biossegurança do animal geneticamente modificado a ser utilizado. Além disso, o credenciamento de biotérios e Salas de Experimentação NB-A1 será realizado pela CIBio da instituição interessada e deverá ser comunicado à CTNBio no seu relatório anual. Já o credenciamento de biotérios e Salas de experimentação NB-A2, NB-A3 e NB-A4 será realizado pela CTNBio, após solicitação por parte da CIBio da instituição interessada. Ademais, para cada solicitação, a CTNBio deverá nomear um membro para emitir parecer técnico sobre a adequação das normas vigentes em relação ao nível de biossegurança do AnGM. Vale lembrar que as exigências para o credenciamento de biotérios[280] e/ou das Salas de Experimentação variam de acordo com o nível de biossegurança. Todavia, qualquer que seja o grupo do animal, a

---

[278] Sobre as diversas modalidades de cabine biológica e suas diferenças, v. IN 07/1997 (Apêndice 4).
[279] No que tange à classificação dos AnGMs quanto ao nível de biossegurança, v. IN 12/1998.
[280] Sobre a segurança em biotérios v.ANDRADE, in:Teixeira (org.), *Biossegurança*, p. 225 e ss.

instituição deverá requerer à CTNBio extensão de seu CQB para biotérios. No caso de NB-A1, a própria CIBio da instituição poderá autorizar o início de operação do biotério, mas deverá enviar à CTNBio a planta do mesmo e suas normas de funcionamento em seu relatório anual. Nos casos de NB-A2, NB-A3, NB-A4, a CTNBio realizará visita técnica para a aprovação do mesmo. Por fim, no que tange à proposta, para qualquer atividade com animais geneticamente modificados classificados como AnGMs do Grupo I ou AnGMs do Grupo II, o pesquisador principal deverá encaminhar à CIBio de sua instituição informações detalhadas de acordo com o modelo de requerimento constante do apêndice da IN 12/1998. Como já adiantado, no caso de AnGMs do Grupo I, a autorização será concedida pela CIBio que, por sua vez, encaminhará informações relativas a essas atividades em seu relatório anual a ser enviado à CTNBio. Caso julgue necessário ou apropriado, a CIBio poderá, a seu critério, solicitar parecer conclusivo da CTNBio sobre autorização para trabalhos com ANGMs do Grupo I. Por outro lado, para qualquer atividade com AnGMs do Grupo II, o pesquisador principal submeterá uma proposta escrita à CIBio, que encaminhará o pedido à CTNBio, utilizando o modelo de requerimento constante do apêndice da IN 12/1998. Com efeito, produções de AnGMs do Grupo II somente poderão ser desenvolvidas após análise da proposta e autorização pela CTNBio. Por último, frise-se que a CTNBio também editou uma IN que dispõe sobre o trabalho em regime de contenção com animais não geneticamente modificados onde OGMs são manipulados. Trata-se da IN 15/1998, que indica os seguintes procedimentos a serem adotados: a) qualquer que seja o Grupo de OGMs a serem manipulados e animais não geneticamente modificados, a instituição deverá requerer junto à CTNBio a extensão do seu CQB para biotérios e salas de experimentação; b) para o trabalho em regime de contenção com animais não geneticamente modificados onde OGMs do Grupo I são manipulados, a própria CIBio da instituição poderá autorizar o início de operação do biotério e da sala de experimentação, enviando à CTNBio a planta dos mesmos e suas normas de funcionamento em seu relatório anual; c) para o trabalho em regime de contenção com animais não geneticamente modificados onde OGMs do Grupo II são manipulados, a CTNBio realizará visita técnica para aprovação da extensão do CQB; d) os biotérios e salas de experimentação que envolvam este tipo de trabalho devem possuir o nível de biossegurança igual ou superior ao do OGM a ser manipulado e devem seguir as normas descritas na IN 12/1998.

2.3.1.6. Produção, armazenamento, transporte, comercialização, importação, ou exportação de derivados de OGM

Entende-se por derivado de OGM o "produto obtido de OGM e que não possua capacidade autônoma de replicação ou que não contenha forma viável de OGM" (Art. 3º, VI da Lei 11.105/2005). A respeito disso, a

CTNBio editou a IN 17/1998, que dispõe sobre as normas que regulamentam as atividades de importação, comercialização, transporte, armazenamento, manipulação, consumo, liberação e descarte de produtos derivados de OGMs. No entanto, além de ser uma norma muito genérica, a IN 17/1998 não trata da produção e da exportação de derivados de OGM.

Entre outros aspectos, a IN 17/1998 estabelece que a atividade de importação e conseqüentes comercialização, transporte e armazenamento de produtos derivados de OGM para uso como matéria prima ou ainda, de produtos purificados acabados, as análises de qualidade e regulamentação para sua utilização são de competência e serão exercidas pelos órgãos de fiscalização do Ministério da Saúde, do Ministério da Agricultura, Pecuária e Abastecimento, e do Ministério do Meio Ambiente, e obedecerão as respectivas legislações vigentes. A referida IN prevê ainda que as entidades que realizem ou pretendam realizar tais atividades ficam responsáveis pelo registro dos produtos derivados junto aos órgãos de fiscalização competentes. Segundo a atual legislação, os órgãos a que a IN se refere são aqueles elencados no art. 16 da Lei 11.105/2005. Ademais, a CTNBio emitirá parecer técnico conclusivo sobre qualquer aspecto relativo à aludida instrução, se assim solicitada por estes órgãos.

2.3.2. Comentários dogmáticos

Observação: Esta figura delitiva não estava prevista na revogada Lei 8.974/1995.

2.3.2.1. Tipo objetivo

Bens jurídicos: a biodiversidade e a saúde pública.

Sujeito ativo: qualquer pessoa (física), independentemente de qualquer qualidade ou condição pessoal. É crime comum.

Sujeitos passivos: a coletividade e o meio ambiente.

Condutas: as condutas incriminadas são comissivas e consistem em produzir (elaborar, criar, gerar, obter), armazenar (guardar, estocar), transportar (levar, carregar algo de um lugar a outro), comercializar (negociar, vendendo ou comprando), importar (introduzir em território nacional), exportar (enviar para o exterior) OGM ou seus derivados.

Objeto material: é o OGM (microorganismo, planta ou animal) ou seus derivados (p.ex. alimentos contendo transgênicos) que foram produzidos, armazenados, transportados, comercializados, importados ou exportados sem autorização ou em desacordo com as normas estabelecidas pela CTNBio e pelos órgãos de registro e fiscalização.

Elementos normativos: *OGM e seus derivados* é elemento normativo jurídico do tipo, previsto no art. 3, V e IV, respectivamente, da Lei 11.105/2005. Enquanto as expressões *sem autorização* ou *em desacordo* são elementos normativos negativos do tipo.

Norma penal em branco: os termos *normas estabelecidas pela CTNBio e pelos órgãos e entidades de registro e fiscalização* consubstanciam a existência de norma penal em branco[281] (própria), pois o complemento do preceito está localizado em normas extrapenais.

Consumação e tentativa: todas as condutas incriminadas (*produzir, armazenar, transportar, comercializar, importar* ou *exportar*) constituem crimes materiais, exigindo-se a ocorrência de resultado naturalístico para a consumação. Ademais, as condutas mencionadas devem ser praticadas sem autorização ou em desacordo com as normas estabelecidas pela CTNBio e pelos órgãos de registro e fiscalização. A tentativa é admissível.[282]

Resultado jurídico: crime de perigo abstrato.

2.3.2.2. Tipo subjetivo

Dolo: representado pela vontade e consciência de realizar o tipo objetivo. O dolo pode ser direto ou eventual.

Elemento subjetivo especial: inexiste.

2.3.2.3. Modalidade culposa

Não há previsão típica da forma culposa.

2.3.2.4. Qualificadoras e causas de aumento de pena

Não há previsão de qualificadoras nem de causas de aumento de pena.

2.3.2.5. Pena e questões processuais

Comina-se pena de reclusão, de um a dois anos, e multa. A suspensão condicional do processo é cabível em razão da pena mínima abstratamente prevista (um ano), conforme o art. 89 da Lei 9.099/1995.

A ação penal é pública incondicionada.

---

[281] Nesse sentido, PRADO, *Direito penal do ambiente*, p. 600.

[282] Para HAMMERSCHMIDT (*Transgênicos e direito penal*, p. 270), nas modalidades de *transportar* e *armazenar* não seria admissível a tentativa, pois estas condutas configurariam hipótese de crime permanente. Todavia, a análise sobre a admissibilidade ou não da tentativa é anterior à consumação do crime; nos crimes permanentes resta prejudicada esta análise porque em tais crimes já ocorreu consumação e ela se protrai no tempo, permitindo-se inclusive a prisão em flagrante nesses casos.

2.4. ART. 267 DO CÓDIGO PENAL (EPIDEMIA)

Art. 267. Causar epidemia, mediante a propagação de germes patogênicos:
Pena – reclusão, de 10 (dez) a 15 (quinze) anos.
§ 1º Se do fato resulta morte, a pena é aplicada em dobro.
§ 2º No caso de culpa, a pena é de detenção, de 1 (um) a 2 (dois) anos, ou, se resulta morte, de 2 (dois) a 4 (quatro) anos.

2.4.1. Comentários gerais

As práticas de engenharia genética que produzem OGMs também podem redundar em fins extremamente reprováveis vindo a prejudicar o homem ou o meio ambiente. Uma dessas hipóteses é a de se causar (dolosa ou culposamente) epidemia mediante a propagação de germes (microorganismos geneticamente modificados) patogênicos. A propagação destes OGMs (bactérias, vírus, príons, etc) pode ocorrer pela água, pela terra ou pelo ar, em ambientes fechados ou abertos, e por intermédio de animais, plantas ou de certas substâncias. O crime de epidemia está previsto no art. 267 do Código Penal e a sua punição é bem severa, se for cometido dolosamente. Tal tipo penal visa proteger o bem jurídico *saúde pública*. Com base constitucional (CF, art. 196), a *saúde pública* é um bem jurídico supra-individual, de caráter coletivo, que tem em conta a saúde individual, mas que com ela não se confunde, ainda que objetive salvaguardá-la.[283]

Por outro lado, se houver a propagação de doença ou praga[284] ou espécies (microorganismos, animais e plantas geneticamente modificados ou não) que possam causar dano à agricultura à pecuária, à fauna, à flora ou aos ecossistemas incidirá o tipo previsto no art. 61 da Lei 9.605/1998, que visa proteger acima de tudo o equilíbrio ecológico, e, subsidiariamente, o patrimônio.

2.4.2. Comentários dogmáticos

2.4.2.1. Tipo objetivo

Bem jurídico: a saúde pública.

Sujeito ativo: qualquer pessoa (física), independentemente de qualquer qualidade ou condição pessoal. É crime comum.

---

[283] PRADO, *Curso de direito penal* (vol.3), p. 696.

[284] Há inúmeras doenças e pragas que podem acometer animais e plantas tais como: a febre aftosa, a peste suína, a lagarta dos cafezais, o cancro cítrico, o *scrapie*, a encefalopatia espongiforme bovina ("doença da vaca louca"), etc. Segundo PRADO (*Direito penal do ambiente*, p. 435-436), "o termo praga, à semelhança da epidemia, é um surto maléfico e transeunte. Espécies são exemplares potencialmente lesivos – vírus, bactérias, plantas ou animais exóticos etc. – capazes de danificar a agricultura (plantações, campos cultivados), a pecuária (criação de gado), a fauna (conjunto de espécies de uma determinada localidade), a flora (acervo de vegetais pertencente a uma região) ou os ecossistemas".

Sujeito passivo: a coletividade.

Conduta: a conduta incriminada pode ser comissiva ou omissiva. "Causar" é provocar, produzir, originar.

Objeto material: a (s) pessoa (s) infectada (s) pela doença.

Elementos normativos: Epidemia e *germes patogênicos* são elementos normativos extrajurídicos do tipo. Entende-se por epidemia "a enfermidade ou doença que, em curto espaço de tempo e em determinado lugar, acomete várias pessoas";[285] é o contágio de uma doença infecciosa que atinge grande número de habitantes duma mesma localidade ou região.[286] Germes patogênicos são microorganismos (vírus, rickettsias, bactérias e protozoários), geneticamente modificados ou não, capazes de produzir doenças infecciosas.[287]

Norma penal em branco: inexiste.

Consumação e tentativa: Trata-se de crime material, que exige resultado naturalístico, consumando-se com o surgimento simultâneo de inúmeros casos de doenças infecciosas num determinado local. Todavia, a tentativa é admissível, uma vez que a ação incriminada inicia-se com a propagação dos germes patogênicos, que pode ou não causar a epidemia.[288]

Resultado jurídico: crime de perigo concreto, havendo necessidade de demonstração concreta do perigo, através da comprovação dos casos de contágio das moléstias e de que estas sejam graves e de fácil difusão na população. Todavia, basta que apenas uma pessoa seja afetada.[289]

2.4.2.2. Tipo subjetivo

Dolo: representado pela vontade e consciência de realizar o tipo objetivo. O dolo pode ser direto ou eventual.

Elemento subjetivo especial: consiste no *especial fim* de causar epidemia mediante a *propagação* (difusão, multiplicação, transmissão) de germes patogênicos.

---

[285] BITENCOURT, *Tratado de direito penal* (vol.4), p. 231.

[286] DELMANTO et. al. *Código penal comentado*, p. 542. Convém, por outro lado, não confundir epidemia com endemia e pandemia. "Endemia é a ocorrência habitual de uma doença ou de um agente infeccioso em determinada área geográfica. Pode significar, também, a prevalência usual de determinada doença nessa área; enquanto pandemia é a epidemia de grandes proporções, atingindo grande número de pessoas em uma vasta área geográfica (MINISTÉRIO DA SAÚDE, *Terminologia básica em saúde*, p. 37 e 39 apud PRADO, *Curso de direito penal brasileiro* (vol.3), p. 697, nota 6).

[287] Nesse sentido, DELMANTO et. al., op. cit, p. 542.

[288] Nesse sentido, BITENCOURT, *Tratado de direito penal* (vol.4), p. 232. Segundo PRADO (*Curso de direito penal brasileiro*, vol.3, p. 699), esta hipótese é facilmente visualizada quando, por exemplo, se adotam medidas sanitárias eficientes, as quais impedem a proliferação do seu contágio.

[289] Nesse sentido, BITENCOURT, *Tratado de direito penal* (vol.4), p. 232; PRADO,*Curso de direito penal brasileiro* (vol.3), p. 698.

2.4.2.3. Modalidade culposa

Se a epidemia for causada culposamente, ou seja, devido à violação do dever objetivo de cuidado, por imprudência, negligência ou imperícia, havendo previsibilidade objetiva do resultado, o agente incorrerá no crime de epidemia culposa (§ 2º, primeira parte). A culpa pode ser consciente ou inconsciente.

2.4.2.4. Qualificadoras e causas de aumento de pena

Há dois tipos derivados que agravam a punibilidade do crime de epidemia: uma causa de aumento relacionada à epidemia dolosa; e uma qualificadora, relativa à epidemia culposa. Quanto à epidemia dolosa, está prevista uma causa de aumento de pena no § 1º, caso ocorra um resultado morte subseqüente. Entretanto, para que incida esta causa de aumento é necessário que o agente tenha agido ao menos culposamente em relação ao resultado letal (CP, art. 19). Além disso, esta causa de aumento é considerada crime hediondo de acordo com o art. 1º, VII, da Lei 8.072/90. Por outro lado, em relação à epidemia culposa, a segunda parte do § 2º tipifica uma qualificadora, se sobrevier a morte no caso de culpa do agente. Nesta hipótese, há culpa tanto no fato antecedente quanto no fato conseqüente (resultado qualificador).

2.4.2.5. Pena e questões processuais

A pena do crime de epidemia dolosa (art. 267, *caput*), cominada isoladamente, é de reclusão, de dez a quinze anos; se da epidemia causada dolosamente resultar morte, a pena será duplicada. Na epidemia culposa, a pena é de detenção, de um a dois anos; se da epidemia causada culposamente resultar morte, a pena será de detenção, de dois a quatro anos.

A ação penal é publica incondicionada. A modalidade culposa descrita na primeira parte do § 2º admite tanto a transação penal (art. 2º, parágrafo único da Lei 10.259/2001 c/c art. 61 da Lei 9.099/1995) quanto a suspensão condicional do processo (art. 89 da Lei 9.099/1995).

2.5. BIOPIRATARIA GENÉTICA

Não é novidade dizer que a biodiversidade tornou-se um setor muito atrativo para os investidores ligados à indústria biomédica, farmacêutica e agropecuária. Atualmente, poderosas empresas multinacionais, grandes grupos econômicos, países de primeiro mundo e cientistas em geral exploram os quatro cantos do planeta, buscando descobrir e conseguir recursos biológicos[290] que possam interessar ao mercado global. Todavia, não raramente, o acesso a esta valiosa matéria-prima é realizado indevidamente, de forma clandestina, surgindo, então, o problema da biopirataria.

Biopirataria é a obtenção de recursos biológicos de um determinado país, remessa destes recursos ao exterior e a sua utilização para fins comerciais, em desacordo com a lei.[291] Noutras palavras, biopirataria consiste no tráfico (internacional) de recursos biológicos. Assim, microorganismos, plantas, animais e até mesmo seres humanos de traços exóticos (p.ex. indígenas), bem como seus respectivos componentes biológicos podem ser alvos deste tipo de biotráfico dependendo do valor que tenham para o "biomercado".[292]

De sua parte, a biopirataria genética é uma espécie de biopirataria, podendo ser definida como a obtenção de recursos genéticos, materiais genéticos[293] e de componentes do patrimônio genético de um determinado país, remessa destes ao exterior e a sua utilização para fins comerciais, em desacordo com a lei. Pelo que parece, tanto o direito internacional quanto o direito nacional estão atentos a isso.

Nesse sentido, no âmbito internacional, a *Convenção sobre biodiversidade* (ONU, 1992)[294] tem como objetivos a conservação da diversidade biológica, a utilização sustentável de seus componentes e a repartição justa e eqüitativa dos benefícios derivados da utilização dos recursos genéticos, mediante, inclusive, *o acesso adequado aos recursos genéticos* (art. 1º) (grifo nosso). Contudo, a autoridade para determinar o acesso aos recursos genéticos pertence aos governos nacionais e está sujeita à legislação nacional; quando concedido, o acesso deverá ser de comum acordo entre as partes contratantes (Estados), observando-se necessariamente o consentimento prévio da parte contratante provedora desses recursos (art. 15, § 1º, 4º, 5º).

Em nosso país, dita a Constituição Federal que "incumbe ao Poder público preservar a diversidade e a integridade do patrimônio genético do

---

[290] Segundo a *Convenção sobre biodiversidade* (ONU, 1992), "recursos biológicos compreende recursos genéticos, organismos ou partes destes, populações, ou qualquer outro componente biótico de ecossistemas, de real ou potencial utilidade ou valor para a humanidade."(art. 2º).

[291] Para SIRVINSKAS (*RT* 2001, p. 477), biopirataria é "a transferência da riqueza encontrada na natureza (biodiversidade) para outros países (...) sem o pagamento de *royalties* ao país onde se descobriu a matéria-prima do citado produto" e tal fato está ligado às questões das patentes. Ademais, as patentes podem ser utilizadas inclusive como um meio de legitimar a biopirataria. No entender de HAMMERSCHMIDT (*Transgênicos e direito penal*, p. 192), biopirataria é "o uso não autorizado de recursos genéticos ou da tecnologia derivada".

[292] A propósito, podem ser incluídos como biopirataria, o tráfico de mulheres (CP, art. 231) e o tráfico de tecidos, órgãos ou partes do corpo humano (Lei 9.434/1997, art. 15).

[293] Segundo a *Convenção sobre biodiversidade* (ONU, 1992), "recursos genéticos significa material genético de valor real ou potencial" (art. 2º); e "material genético significa todo material de origem vegetal, animal, microbiana ou outra que contenha unidades funcionais de hereditariedade".

[294] Promulgada pelo Decreto 2.519/1998.

país e fiscalizar as entidades dedicadas à pesquisa e manipulação do material genético". Esta norma constitucional foi regulamentada pela Medida Provisória 2.186-16/2001 – que dispõe sobre o acesso ao patrimônio genético, a proteção e o acesso ao conhecimento tradicional associado, a repartição de benefícios e o acesso à tecnologia e transferência de tecnologia para sua conservação e utilização, e dá outras providências –. Por sua vez, esta medida provisória define acesso ao patrimônio genético como a "obtenção de amostra de componente do patrimônio genético para fins de pesquisa científica, desenvolvimento tecnológico ou bioprospecção, visando a sua aplicação industrial ou de outra natureza"[295] (art. 7º, IV). E patrimônio genético significa toda "informação de origem genética, contida em amostras do todo ou de parte de espécime vegetal, fúngico, microbiano ou animal, na forma de moléculas e substâncias provenientes do metabolismo destes seres vivos e de extratos obtidos destes organismos vivos ou mortos, encontrados em condições *in situ*, inclusive domesticados, ou mantidos em coleções *ex situ*, desde que coletados em condições *in situ* no território nacional, na plataforma continental ou na zona econômica exclusiva" (art. 7º, I).

No Brasil, ainda não foi editada uma lei que trate especificamente da biopirataria genética, embora a Lei 9.605/1998 tipifique alguns casos de biopirataria em geral[296]. Todavia, há dois projetos de lei que visam preencher esta lacuna do nosso ordenamento jurídico.

O primeiro deles, oriundo da Secretaria de Assuntos Parlamentares da Presidência da República, é o PL 7.211/2002,[297] que acrescenta artigos à Lei.9.605/1998 e prevê os seguintes crimes: "Art. 61-A. Acessar[298] ou coletar, com fim econômico ou ilícito, componente da flora, da fauna, de fungo ou de microorganismo existente no território nacional, na plataforma continental ou na zona econômica exclusiva, para pesquisa científica, desenvolvimento tecnológico ou bioprospecção[299], em desacordo com a legislação vigente: Pena: reclusão, de um a três anos, e multa"; e "Art. 61-C.

---

[295] Ademais, para fins de aplicação do disposto no art. 7, IV da MP 2.186-16/2001, entende-se por "obtenção de amostra de componente de patrim6onio genético" a "atividade realizada sobre o patrimônio genético com o objetivo de isolar, identificar ou utilizar informação de origem genética ou moléculas e substâncias provenientes do metabolismo dos seres vivos e de extratos obtidos destes organismos" (Conselho de Gestão do Patrimônio Genético – CGEN –, Orientação técnica 1/2003, art. 1) .

[296] V. arts.29, § 1º, III; 30; e 31 (Lei 9.605/1998).

[297] http://www.planalto.gov.br/ccivil_03/Projetos/PL/2002/msg831-021001.htm. (Acesso em:14/04/2006).

[298] De acordo com o PL 7.211/2002, "acessar significa obter informação de caráter genético existente em espécime vegetal, animal, fúngico ou microbiano, no seu todo ou em parte, ou em substância originada destes seres, na forma de moléculas e de extratos provenientes destes organismos vivos ou mortos, encontrados na natureza, *in situ*, ou em coleções *ex situ*"(Art. 61-A, § 1º).

[299] Segundo a MP 2.186-16/2001 (art. 7, VII), bioprospecção é a "atividade exploratória que visa identificar componente do patrimônio genético e informação sobre conhecimento tradicional associado, com potencial de uso comercial".

Remeter[300] para o exterior amostra de material genético ou recurso genético, em desacordo com a legislação vigente: Pena: reclusão, de dois a quatro anos, e multa".

Já o PL 377/2003, proveniente do Senado Federal,[301] visando regular direitos e obrigações relativos ao acesso e à conservação do patrimônio genético do país e seus componentes, tipifica o crime de biopirataria genética da seguinte forma: "Art. 55. A obtenção, comercialização e remessa para o exterior de componentes genéticos, bem como a utilização de conhecimentos tradicionais, sem a autorização prevista nesta lei, constituem crime punível com pena de reclusão de 1 (um) a 4 (quatro) anos e multa de até 10.000 (dez mil) vezes a multa diária previstas no artigo seguinte. Parágrafo único. Em caso de reincidência, a multa será aumentada até o dobro".

2.6. PRODUÇÃO DE ARMAS BIOLÓGICAS

As armas biológicas são armas constituídas por microorganismos (vírus, rickétsias, bactérias, fungos, etc.) ou substâncias infecciosas derivadas desses organismos, destinadas a provocar a morte ou distúrbios graves nos seres humanos, animais ou plantas. Estas armas são baratas e podem ser facilmente produzidas, por intermédio de métodos clássicos ou mediante engenharia genética, em larga escala por qualquer laboratório razoavelmente equipado para a indústria em geral, e para a indústria bélica em particular. Por seus potenciais efeitos destrutivos, já que podem vitimar grande porcentagem da população de uma determinada localidade, as armas biológicas são designadas como "armas de destruição em massa", à semelhança das armas químicas e nucleares.[302]

No direito comparado, há precedentes sobre esta figura criminosa no que diz respeito à produção de armas biológicas através de engenharia genética. O Código penal espanhol (art. 160.1) tipifica "a utilização da engenharia genética para produzir armas biológicas ou exterminadoras da espécie humana", cominando a pena de prisão de três a sete anos e inabilitação especial para o emprego ou cargo público, profissão ou ofício de sete a dez anos.

Em nosso país, inexiste tipificação similar. No entanto, o já mencionado PL 7.211/2002 pretende resolver a questão punindo, com pena de re-

---
[300] Entende-se por remessa: todo "envio, permanente ou temporário, de amostra de componente do patrimônio genético, com a finalidade de acesso para pesquisa científica, bioprospecção ou desenvolvimento tecnológico no qual a responsabilidade pela amostra transfira-se da instituição remetente para a instituição destinatária". (Conselho de Gestão do Patrimônio Genético (CGEN), Orientação Técnica 1/2003, art. 2º, I).

[301] Diário do Senado Federal, 10/09/2003, p. 26545-26553.

[302] ERRERA, in: Hottois/Parizeau, *Dicionário da bioética*, p. 44-45.

clusão, de quatro a oito anos, e multa, a conduta de "utilizar componente da flora, da fauna, de fungo ou de microorganismo para o desenvolvimento de armas biológicas ou químicas".[303] (art. 61-B, IV)[304]. Tais tipos penais visam acima de tudo proteger a própria *sobrevivência da espécie humana*.[305] Ademais, vale frisar, ainda, que o ordenamento jurídico brasileiro adotou a *Convenção sobre a proibição do desenvolvimento, produção e estocagem de armas Bacteriológicas (biológicas) e à base de toxinas* (ONU, 1972).[306] De acordo com esta convenção, os Estados signatários – decididos a agir para obter progresso efetivo no sentido de desarmamento geral e completo de todos os tipos de armas de destruição em massa – se comprometem a tomar as medidas necessárias para proibir e impedir o desenvolvimento, a produção, a estocagem, a aquisição ou retenção de agentes microbiológicos ou outros agentes biológicos ou toxinas, quaisquer que sejam sua origem ou método de produção, de tipos e em quantidades que não se justifiquem para fins profiláticos, de proteção ou outros fins pacíficos; e de armas, equipamentos ou vetores destinados à utilização destes agentes ou toxinas para fins hostis ou em conflitos armados.[307] Por outro lado, de modo mais amplo e implícito, pode-se suscitar, ainda, a tipificação da conduta de produzir armas biológicas no art. 29 da Lei 11.105/2005, pois esta é uma produção de OGMs ou de seus derivados que obviamente está em desacordo com as normas estabelecidas pela CTNBio, ainda que este órgão não tenha editado uma instrução normativa específica a respeito disso. Enfim, caso os OGMs sejam produzidos para causar epidemia, incidirá o tipo previsto no art. 267 do Código Penal, analisado anteriormente.

---

[303] Todavia, em relação às armas químicas, a Lei 11.254/2005, cominando a pena de reclusão, de um a dez anos, estabelece como crime (art. 4): I – fazer o uso de armas químicas ou realizar, no Brasil, atividade que envolva a pesquisa, produção, estocagem, aquisição, transferência, importação ou exportação de armas químicas ou de substâncias químicas abrangidas pela CPAQ (*Convenção Internacional sobre Proibição do Desenvolvimento, Produção e Uso das Armas Químicas e sobre a Destruição das Armas Químicas existentes no mundo*) com a finalidade de produção de tais armas; II – contribuir, direta ou indiretamente, por ação ou omissão, para o uso de armas químicas ou para a realização, no Brasil ou no Exterior, das atividades arroladas no inciso I. Ressalte-se que a aludida convenção sobre armas químicas foi aprovada e promulgada pelos Decretos 9/1996 e 2.977/1999, respectivamente.

[304] É importante referir que o PL 377/2003 (Senado Federal) proíbe "o uso, direto ou indireto, do patrimônio genético em armas biológicas (...)"(art. 8).

[305] ROMEO CASABONA, *Los delitos contra la vida y la integridad personal y los relativos a la manipulación genética*, p. 319.

[306] Aprovada pelo Decreto Legislativo 89/1972 e promulgada pelo Decreto 77.374/1976.

[307] V. *Convenção sobre a proibição do desenvolvimento, produção e estocagem de armas bacteriológicas (biológicas) e à base de toxinas* (ONU, 1972), arts.I e IV.

3. Direito penal genético e disciplinas afins

O direito penal genético não se confunde com a genética forense nem muito menos com a genética criminal, já que estas estão mais ligadas às ciências auxiliares e à criminologia, respectivamente, e não à dogmática jurídico-penal propriamente dita, como é o caso do direito penal genético. Todavia, no contexto geral das ciências criminais, a genética forense e a genética criminal são disciplinas afins e têm correspondência indireta com aquele (direito penal genético). Por conseguinte, pode-se dizer que a genética forense e a genética criminal são "disciplinas afins" (ou "disciplinas auxiliares") do direito penal genético.

3.1. GENÉTICA FORENSE

3.1.1. Ciências criminais, medicina legal e genética forense

No vasto campo das ciências criminais há certas disciplinas denominadas "ciências auxiliares"[308] que servem à aplicação prática do direito penal (e do direito processual penal), à investigação criminal e à realização da justiça punitiva.[309] São ramos do saber "que, sem se destinarem propriamente ao estudo do crime, trazem esclarecimentos a certas questões da doutrina e sobretudo da prática penal".[310] Dentre eles, destaca-se a medicina legal ou medicina forense.[311]

---

[308] CORREIA, *Direito criminal* (vol.I), p. 9; DOTTI, *Curso de direito penal*, p. 118; FRAGOSO, *Lições de direito penal*, p. 21; LOPES, *Curso de direito penal*, p. 37. Para JESCHECK/WEIGEND (*Lehrbuch des Strafrechts*, p. 47), a medicina legal e a criminalística seriam mais propriamente ciências auxiliares (*Nachbardisziplinen*) da criminologia, enquanto que a história do direito penal, a filosofia do direito, o direito comparado e a sociologia seriam ciências auxiliares da dogmática jurídico-penal e da política criminal.

[309] V. FRAGOSO, *Lições de direito penal*, p. 21.

[310] BRUNO, *Direito penal* (T.I), p. 59.

[311] GOMES, *Medicina legal*; MARANHÃO, *Curso básico de medicina legal*.

A medicina legal – que não é propriamente uma ciência – é o "conjunto de conhecimentos da medicina em geral, aplicáveis aos problemas jurídicos",[312] e as suas relações com o direito penal e processual penal especificamente são estabelecidas em várias circunstâncias como, por exemplo, na determinação dos fenômenos biológicos do nascimento e da morte, na detecção de lesões corporais, no diagnóstico de doenças mentais, etc. Assim, é através de certos exames formalizados em laudos periciais feitos pelos *experts*[313] que se estabelece a *causa mortis* do delito praticado, a extensão e gravidade do dano à integridade corporal ou à saúde da vítima, se o agente é portador de doença mental ou desenvolvimento mental incompleto ou retardado, se a mãe matou o filho em estado puerperal, se houve violência sexual no caso estupro e atentado violento ao pudor, a embriaguez, etc. Aliás, tais exames poderão configurar o exame de corpo de delito (CPP, arts.159 e ss.) ou o exame mental do acusado (CPP, arts.149 e ss.). Constata-se, portanto, que na justiça criminal a medicina (legal) "não é meio de cura, mas ciência auxiliar na apuração dos fatos puníveis" e os seus conhecimentos especializados são indispensáveis em algumas perícias judiciais para o esclarecimento da verdade.[314] Dentro da medicina legal temos hoje a chamada genética forense.

Nos últimos anos, o advento do Projeto Genoma Humano – com o conseqüente aperfeiçoamento das técnicas de mapeamento e seqüenciação do genoma humano –, também contribuiu para o progresso da medicina legal, que vem experimentando um período de rápidas transformações graças à evolução das técnicas e aplicações do DNA. A utilização da tecnologia do DNA para realizar diversas análises no âmbito da administração da justiça vem adquirindo uma importância cada vez maior em demandas penais e civis,[315] motivo pelo qual a genética incorporou-se firmemente na prática forense dando lugar a uma nova especialidade na medicina legal: a genética forense.[316]

---

[312] DOTTI, *Curso de direito penal*, p. 118. Neste sentido, BRUNO, *Direito penal* (T.I), p. 59; FRAGOSO, *Lições de direito penal*, p. 21.

[313] TOCHETTO ressalta que "o *perito* ao elaborar um *laudo pericial* deve ser sincero consigo mesmo, isto é, só fazer afirmações que possam ser provadas e demonstradas técnica e cientificamente. Toda conclusão deve estar baseada em fatos e dados comprovados e demonstrados. Quando, através dos exames realizados, por insuficiência de elementos, não obtiver os dados científicos que possam fundamentar uma conclusão, quer positiva ou negativa, por seu compromisso com a verdade, deve consignar no laudo quais foram os elementos e dados concretos obtidos. Aduz ainda o autor que "o sucesso do trabalho pericial também depende da colaboração das autoridades policiais e judiciárias, requerendo de imediato a perícia, preservando o local do crime, colhendo e acondicionando corretamente o material a ser periciado. A autoridade que requisitar um exame pericial deve formular os quesitos de forma clara, objetiva e precisa". (TOCHETTO, Apresentação, in: Galante Filho et.al., *Identificação humana*, p. 10)

[314] LOPES, *Curso de direito penal*, p. 37.

[315] Nomeadamente, no que respeita à investigação de paternidade.

[316] ROMEO CASABONA, *Genética y derecho*, p. 264. Outra denominação sinônima da genética forense é "DNA forense", v. LEITE et.al., in:Tocchetto/Espindula (Coord.), *Criminalística*, p. 242; BUTLER, *Forensic DNA typing*.

Na justiça criminal, a aplicação da tecnologia do DNA é extremamente útil à investigação criminal e, por conseguinte, à criminalística[317] (biológica),[318] já que, através de evidências/pistas genéticas obtidas a partir de vestígios biológicos (sangue, sêmen, pêlos, saliva, etc.), é possível com muita precisão detectar e elucidar crimes, identificar criminosos e vítimas (vivos ou mortos), bem como associá-los à cena do crime e aos eventuais instrumentos e materiais utilizados na prática delituosa. Ademais, o exame de DNA serve muitas vezes para afastar ou comprovar a autoria e a materialidade de homicídios, estupros, abortos, roubos, lesões corporais e de outros crimes.

3.1.2. *DNA fingerprints*

Este notável avanço na investigação criminal só se tornou possível devido à descoberta da técnica do *DNA fingerprints* (impressão digital do DNA) – ou tecnologia de identificação por DNA[319] –, que se constitui num poderoso instrumento de identificação pessoal, sendo muito útil na perícia forense (penal). Aliás, a DNA *fingerprints* contribuiu de forma decisiva para a própria consagração da genética forense.

Em meados da década de oitenta do século XX, Jeffreys e outros[320] revelaram que há certas regiões de minissatélites do genoma humano que produzem impressões digitais do DNA e o seu estudo possibilita obter informações sobre a individualidade humana e as diferenças que existem de uma pessoa para outra. Esta constatação científica provocou uma mudança total na criminalística biológica, pois o estudo do polimorfismo do DNA substituiu rapidamente as análises de outros marcadores genéticos (análises sorológicas dos polimorfismos de proteínas e grupos sanguíneos), até en-

---

[317] Segundo CORREIA (*Direito criminal*, vol.I, p. 9) entende-se por criminalística o "complexo de elementos científicos postos ao serviço da técnica da investigação e interpretação dos fatos criminais". Para DOTTI (*Curso de direito penal*, p. 120), criminalística "é o conjunto de conhecimentos, de meios e de técnicas necessários para a descoberta das infrações penais e a identificação de seus autores". Integram a criminalística, entre outras: a química forense, a balística forense, a documentoscopia, a toxicologia forense, a fonética forense e a informática (ou computação) forense. A propósito, v. TOCCHETTO/ ESPINDULA (coord.), *Criminalística*, passim; GALANTE FILHO et.al., *Tratado de perícias criminalísticas*. Por outro lado, como se percebe, a criminalística muitas vezes opera diretamente com outras ciências auxiliares, dentre as quais a própria medicina legal e, em especial, a genética forense.

[318] Na área forense criminal, PINHEIRO (*Revista do Ministério Público* 74 (1998), p. 145) afirma que o emprego da tecnologia do DNA é possível mediante aplicação da "criminalística biológica", ciência que se ocupa da análise e estudo dos vestígios biológicos que permitem a comparação das características genéticas das substâncias encontradas na vítima e nos suspeitos.

[319] "Fingerprint do DNA é a imagem (materializada sob a forma de um 'código de barras') da repartição das zonas não codificantes do DNA que constitui a hereditariedade do indivíduo" (HOTTOIS, in: Hottois/Parizeau, *Dicionário da bioética*, p. 257).

[320] JEFFREYS/WILSON/THEIN, "Individual-specific 'fingerprints' of human DNA", *Nature* 316 (1985), p. 75-79.

tão, considerados de fundamental importância na genética forense.[321] Desta forma, sendo uma macromolécula encontrada em células nucleadas, é possível estudar o DNA mediante a análise de quaisquer amostras de substâncias orgânicas que contenham material genético tais como: sangue, sêmen, músculo, osso, dente, pêlo.[322] Isso pode ser feito mediante diversos testes ou exames de DNA.

3.1.3. Testes de DNA

A caracterização ou "tipagem" do DNA é um termo abrangente para uma ampla variedade de métodos que estudam as variações genéticas. A tipagem do DNA, tendo por finalidade a investigação criminal, pode ser considerada uma extensão da tipagem forense do sangue, que já é de conhecimento público há mais de 60 anos. No entanto, o método foi usado pela primeira vez somente em 1985 no Reino Unido, nos Estados Unidos no fim de 1986 por laboratórios comerciais e em 1988 pelo *Federal Bureau of Investigation* (FBI).[323] "Cada método de tipagem do DNA tem suas próprias vantagens e limitações e cada qual se encontra em um estágio diferente de desenvolvimento técnico. Entretanto, o uso de cada um deles envolve três fases: 1. análise laboratorial das amostras para determinar os tipos de marcadores genéticos em locais múltiplos de variação potencial; 2. comparação dos tipos marcadores genéticos das amostras para determinar se combinam e, conseqüentemente, se as amostras podem ter tido a mesma origem; 3.se os tipos combinarem, análise estatística das freqüências populacionais dos mesmos para determinar a probabilidade de que uma combinação tenha sido observada por acaso na comparação das amostras de diferentes pessoas".[324] Geralmente, a tipagem do DNA forense consiste em comparar o "DNA-prova", isto é, o DNA extraído do vestígio biológico deixado na cena do crime, com o "DNA-suspeito", proveniente de material biológico de um suspeito qualquer. Os elementos utilizados para a tipagem do DNA incluem enzimas de restrição, eletroforese, sondas e a PCR.[325]

Quanto às técnicas laboratoriais empregadas, deve-se salientar que atualmente existem diversos tipos de testes de DNA, e cada um analisa al-

---

[321] JOBIM/JOBIM/BRENNER, in: Galante Filho et.al., *Identificação humana*, p. 239. Como asseveram estes autores, progrediu-se "desde a análise de impressões digitais com sondas multilocais e sondas unilocais, até as técnicas de amplificação do DNA pela reação em cadeia da polimerase (PCR). O estudo dos antígenos HLA, anteriormente analisados por técnica sorológica, é hoje realizado por amplificação específica dos genes ou alelos HLA. Foram também desenvolvidas novas maneiras de extração do DNA do sangue periférico, tecidos, ossos, cabelos, manchas de sangue, material vaginal, entre outros" (idem, ibidem).

[322] SOBRINHO, *A identificação criminal*, p. 36

[323] Cf. CONSELHO NACIONAL DE PESQUISA (Comitê sobre Tecnologia do DNA na Ciência Forense), *A tecnologia do DNA na ciência forense*, p. 1.

[324] Idem, ibidem, p. 6,8.

[325] Idem, ibidem, p. 39.

gum tipo de marcador biológico. Os exames de genética forense aplicados à identificação humana utilizam diferentes tipos de marcadores moleculares[326] (VNTRs – *variable number of tandem repeats* – , STRs – *short tandem repeats* –, YSTRs – *short tandem repeats* do cromossomo Y – , SNPs – *single nucleotide polymorphisms* – , e mtDNA – *mitocondrial DNA*), sendo que na prática os microssatélites (STRs) são os mais utilizados pelos laboratórios forenses[327] e os preferidos na análise pericial de casos em que a amostra é escassa ou parcialmente degradada.[328] No entanto, os microssatélites de Y (YSTRs) são também bastante utilizados em casos de agressão sexual (estupro)[329] e o mtDNA tem sido empregado principalmente em casos contendo amostras degradadas ou com pequena quantidade de DNA, como na identificação de restos ósseos e pêlos sem bulbo.[330] De uma maneira geral, iniciam-se os exames pela extração do DNA de dentro do núcleo das células, existindo, para tanto, muitas técnicas diferentes, dependendo do tipo de material em estudo (manchas de sangue, fios de cabelo, etc.).[331]

3.1.4. PCR

Por outro lado, a segurança e precisão das análises de identificação por DNA se deve principalmente graças ao auxílio da técnica de replicação do DNA, a chamada reação em cadeia da polimerase (PCR – *polymerase chain reaction* –), "um método extremamente poderoso na avaliação da individualidade humana que permite a amplificação seletiva, *in vitro*, de seqüências específicas do DNA alvo que se deseja estudar".[332] Noutras palavras, trata-se dum "processo *in vitro* que produz milhões de cópias de um segmento de DNA por meio de ciclos repetidos de uma reação que envolve a enzima DNA polimerase".[333] Segundo Romeo Casabona, esta técnica permite que, ainda que seja mínima a amostra biológica disponível, possam ser realizadas quantas análises forem necessárias, visto que as provas assim praticadas não comportam o seu esgotamento ou a sua destruição, inclusi-

---

[326] LEITE et.al., in:Tocchetto/Espindula (Coords.), *Criminalística*, p. 243-244; JOBIM/JOBIM/BRENNER, in: Galante Filho et.al., *Identificação humana*, p. 245-256.

[327] LEITE et.al., in:Tocchetto/Espindula (Coords.), *Criminalística*, p. 243.

[328] JOBIM/JOBIM/BRENNER, in: Galante Filho et.al., *Identificação humana*, p. 249.

[329] LEITE et.al., in: Tocchetto/Espindula (Coord.), *Criminalística*, p. 244; JOBIM/JOBIM/BRENNER, in: Galante Filho et.al., *Identificação humana*, p. 255.

[330] LEITE et.al., in: Tocchetto/Espindula (Coords.), *Criminalística*, p. 244.

[331] JOBIM/JOBIM/BRENNER, in: Galante Filho et. al., *Identificação humana*, p. 245.

[332] Idem, ibidem, p. 249.

[333] CONSELHO NACIONAL DE PESQUISA (Comitê sobre Tecnologia do DNA na Ciência Forense), *A tecnologia do DNA na ciência forense*, p. 181. Outro método de tipagem de DNA muito utilizado na prática forense é tipagem baseada no RFLP (*Restriction Fragment Length Polymorphism*) – "polimorfismo do comprimento do fragmento do fragmento de restrição". Sobre este método, v. CONSELHO NACIONAL DE PESQUISA (Comitê sobre Tecnologia do DNA na Ciência Forense), *A tecnologia do DNA na ciência forense*, p. 55 e ss. (60-67).

ve podendo a PCR ser utilizada mesmo que os vestígios biológicos sejam muito antigos. Assim, é possível decifrar todo o código genético de uma pessoa ou de um cadáver com uma mínima quantidade de material orgânico. Portanto – segue o autor –, esta técnica converteu-se num instrumento muito valioso para a moderna perícia forense e, o que é mais importante, para uma resposta mais eficaz às exigências da sociedade em relação à persecução penal dos criminosos.[334]

3.1.5. Genética forense e algumas questões jurídicas problemáticas

A genética forense tem um grande potencial para auxiliar na justiça criminal, entretanto, devido à possibilidade de ser usada inadequadamente ou abusivamente, levantam-se questões importantes sobre confiabilidade, validade e sigilo.[335] As análises envolvendo a tecnologia do DNA na prática forense colocam algumas questões referentes às garantias técnicas, processuais e de respeito aos direitos fundamentais, que podem ser assim resumidas:[336] a) fiabilidade das análises; b) valoração judicial dos seus resultados; c) possível afetação a direitos fundamentais do sujeito que se submete ao exame e d) criação de bancos de dados genéticos, contendo perfis de DNA e/ou amostras biológicas (biobancos) para fins de investigação criminal.

No que tange à fiabilidade da aplicação da análise de DNA nas perícias forenses deve-se levar em conta antes de tudo a qualidade do laboratório e do perito, pois sem isso fica mais difícil admitir-se a idoneidade das provas eventualmente produzidas nos processos judiciais e perante os tribunais, sendo recomendável que tanto os laboratórios como os peritos obedeçam a certos requisitos e condições que garantam o seu controle técnico e científico. Com efeito, os esforços dos geneticistas forenses e de suas associações científicas têm se dirigido a isso com o intuito de lograr a padronização dos métodos e procedimentos de trabalho a fim de assegurar que os laboratórios satisfaçam níveis de qualidade aceitáveis na realização das práticas de coleta, manejo e armazenamento das provas e amostras biológicas[337]. Aliás, já existem algumas instituições como a Sociedade Internacional de Hemogenética Forense (ISFH) e a Sociedade Brasileira de Medicina Legal, que visam garantir e controlar a idoneidade e a qualidade dos laboratórios de genética forense mediante recomendações de ordem

---

[334] ROMEO CASABONA, *Genética y derecho*, p. 264.
[335] CONSELHO NACIONAL DE PESQUISA (Comitê sobre Tecnologia do DNA na Ciência Forense), *A tecnologia do DNA na ciência forense*, p. 1.
[336] V. ROMEO CASABONA, *Genética y derecho*, p. 265 e ss.
[337] Idem, ibidem, p. 266. Sobre isso, v. também CONSELHO NACIONAL DE PESQUISA (Comitê sobre Tecnologia do DNA na Ciência Forense), *A tecnologia do DNA na ciência forense*, p. 104-117.

técnica, metodológica e procedimental.[338] Conclui-se, portanto, que a comprovação da qualidade do laboratório e do perito na área da genética forense deverá ser uma exigência em processos judiciais onde a metodologia do DNA for empregada,[339] pois só assim as provas que serão produzidas terão o valor que realmente merecem, sobretudo quando se trata de condenar ou absolver alguém no âmbito da justiça criminal.

Em relação à valoração judicial das provas obtidas mediante a tecnologia do DNA no processo penal, deve-se dizer que, embora possuam um grau de segurança muito elevado, as mesmas estão baseadas em cálculos de probabilidade e por isso os seus resultados não podem ser superestimados e simplesmente aceitos de forma automática pelo juiz. Ademais, deve-se sempre obedecer ao basilar princípio do contraditório, inclusive para o caso de serem apresentadas contra-provas. Além disso, apesar do alto índice estatístico dos resultados obtidos com os testes de DNA, as evidências biológicas eventualmente produzidas necessitam ser confrontadas com outros meios de prova sem que necessariamente se atribua credibilidade exclusiva e absoluta à autoridade científica do perito, pois a técnica do DNA não é infalível, podendo acontecer erros, contradições ou imprecisões na realização e nos resultados das perícias.[340] De outra banda, contudo, esta tecnologia pode ser muito útil à justiça criminal para rever erros judiciais e evitar condenações injustas.

A outra questão de interesse aludida diz respeito a possível afetação de direitos fundamentais no caso de alguém ser submetido a um exame de DNA para fins forenses contra a sua vontade (sem consentimento). Diante disso, cabe indagar: será que a busca da verdade no inquérito policial e no processo penal pode ser ilimitada? Como ficam o direito à liberdade (CF, art. 5º, *caput*), o direito à intimidade (CF, art. 5º, X) e o direito a não produzir provas contra si mesmo? E o princípio da presunção de inocência (CF, art. 5º, LVII)? Logicamente, e num Estado democrático de direito, hoje é inadmissível que possa haver práticas coativas desta natureza, pois ninguém pode ser constrangido, compulsoriamente, a um exame que implique na extração de material do seu corpo de forma arbitrária. Desta forma, o acusado não pode ser compelido contra a sua vontade a submeter-se ao teste de DNA para fornecer provas à autoridade policial e/ou judicial, pois

---

[338] V., aliás, CONSELHO DA EUROPA, *Recomendação 1 (1992), sobre a utilização da análise de DNA no âmbito da administração da justiça criminal*, 6. No Brasil, o primeiro laboratório forense de exames genéticos para fins criminais foi criado somente em 1994 (Divisão de Pesquisa de DNA Forense da Polícia Civil do Distrito Federal). Atualmente, São Paulo, Minas Gerais, Rio Grande do Sul e Rio de Janeiro também possuem laboratórios especializados nesta área.

[339] Neste sentido, JOBIM/JOBIM/BRENNER, in: Galante Filho et.al., *Identificação humana*, p. 240.

[340] Nesses exames, a validade dos resultados depende, por exemplo, de fatores como o cálculo adequado das freqüências populacionais dos marcadores genéticos utilizados, uma vez que ocorrem significativas variações entre diferentes grupos populacionais. Além disso, a expressão estatística dos resultados deve basear-se na presença ou não de misturas de material biológico.

conforme preceitua a constituição "ninguém será obrigado a fazer ou deixar de fazer alguma coisa senão em virtude de lei" (CF, art. 5º, II), inexistindo qualquer lei que obrigue a isso. A propósito, o STF já julgou a questão em tela num caso de investigação de paternidade entendendo pela não obrigatoriedade de submissão do réu ao exame de DNA,[341] pois tal ato violaria as garantias constitucionais "da dignidade humana, da intimidade, da intangibilidade do corpo humano, do império da lei e da inexecução específica e direta da obrigação de fazer". Assim, a eventual recusa de submissão à prova por parte do acusado não poderá *de per si* ser considerada como uma *ficta confessio*, que implique no reconhecimento da sua culpabilidade, podendo apenas servir como um indício a ser valorado junto com os demais elementos probatórios colhidos na investigação criminal e/ou constantes do processo. Além disso, este indício não pode se constituir no único fundamento para embasar uma condenação. Por outro lado, a obtenção forçosa de material biológico (provas biológicas) oriundo do acusado torna as provas inadmissíveis de valoração judicial por serem as mesmas consideradas ilícitas em tais hipóteses (CF, art. 5, LVI).[342]

Por fim, outro tema polêmico relativo à utilização da tecnologia do DNA no âmbito da justiça criminal refere-se à criação de bancos (ou bases) de dados genéticos,[343] contendo informações resultantes das análises de DNA realizadas pelas perícias forenses, para fins de identificação e investigação criminal. "Uma base de dados genéticos[344] tem como objetivo a identificação da pessoa através de perfis genéticos. Trata-se de um conjunto complexo de dados aplicáveis a diversas investigações"[345] criminais.

---

[341] STF, HC 71.373-RS (Tribunal Pleno. Rel.Min.Marco Aurélio). Todavia, em sentido contrário, o STJ editou a Súmula 301: "Em ação investigatória, a recusa do suposto pai a submeter-se ao exame de DNA induz presunção *juris tantum* de paternidade." De forma crítica, LOBO afirma que a referida súmula "é inútil porque depende da existência de provas indiciárias para que a presunção possa ser aplicada (...) é injusta porque induz o réu a produzir provas contra si mesmo e porque serve de instrumento a interesses meramente patrimoniais, que nunca prevalecem quando o genitor biológico é pobre (...) é contraditória porque indiretamente viola princípios constitucionais ressaltados no precedente do STF (HC 71.373-RS); a recusa ao exame do DNA não pode ser tida como presunção desfavorável, pois os princípios constitucionais tutelam quem assim age, e se não se podem produzir provas contra as normas legais, também não se pode admitir presunção que leve ao mesmo efeito" (LOBO, *Revista Jurídica* 339 (2006), p. 56).

[342] Aliás, a diminuição da integridade física configura o tipo de lesões corporais (CP, art129)

[343] Segundo o CONSELHO DA EUROPA, "arquivo de DNA (*DNA file*)" refere-se a qualquer coleção estruturada dos resultados do testes das análises de DNA, que se conserve materialmente em registros manuais ou numa base de dados informatizada" (CONSELHO DA EUROPA, *Recomendação* 1 (1992) *sobre a utilização da análise de DNA no âmbito da administração da justiça criminal*, 1) .

[344] Segundo o Conselho da Europa (Recomendação 5/1997), "dados genéticos" constituem todo o tipo de dados que digam respeito a características hereditárias do indivíduo ou que relacionados com aquelas características constituam patrimônio de um grupo de indivíduos (família). De acordo com a lei portuguesa 12/2005, sobre informação genética pessoal e informação de saúde, entende-se por "base de dados genéticos" qualquer registro, informatizado ou não, que contenha informação genética sobre um conjunto de pessoas ou famílias" (art. 7, 1) .

[345] MONIZ, *RPCC* 12 (2002), p. 238. Aduz a autora que " com apoio nestes dados pode-se chegar à conclusão que os vestígios deixados no local de um crime são idênticos aos perfis genéticos não identificados (porque se trata de perfis genéticos de pessoas desconhecidas) que estão armazenados na base,

Estes bancos ou arquivos genéticos conteriam perfis de DNA e amostras biológicas[346] de criminosos[347] (presos ou foragidos), vítimas e suspeitos. Esta prática vem ocorrendo em muitos países, sendo que alguns (Argentina, Alemanha, Estados Unidos, Reino Unido, Holanda, França) já possuem inclusive disposições normativas sobre isso.[348] Embora também possa trazer problemas a certos direitos fundamentais (*v.g.*, direito à autodeterminação, direito à intimidade, direito à privacidade, direito à integridade física), a criação de bancos de dados com tais propósitos tem merecido menos objeções em relação às outras questões mencionadas anteriormente. De qualquer forma, as eventuais legislações devem estar atentas para que não se cometam violações aos direitos humanos[349] e à dignidade humana.

3.2. GENÉTICA CRIMINAL

Na ciência global ou conjunta do direito penal (*gesamtestrafrechtswissenchaft*), além da dogmática jurídico-penal e da política criminal, destaca-se a criminologia. A criminologia é uma ciência empírica e interdisciplinar[350] que visa ao estudo etiológico-explicativo da criminalidade ou do fenômeno criminal.[351] Utilizando-se principalmente do método indutivo

---

ou pode-se concluir que aqueles vestígios pertencem a pessoas já 'catalogadas' na base...Ou seja, a base permite, de forma rápida e certeira, analisar, comparar e eventualmente identificar os perfis genéticos obtidos através dos vestígios do crime e aqueles que já se encontram na base".

[346] Esclarece MONIZ (idem, p. 239) que "podemos construir uma base de dados com perfis genéticos mantendo as amostras de material biológico ou não. Isto é, podemos construir um biobanco, ou destruir aquelas amostras reservando somente a informação conseguida através delas".

[347] Para o CONSELHO NACIONAL DE PESQUISA (Comitê sobre Tecnologia do DNA na Ciência Forense), justificam-se os bancos de dados contendo o perfil do DNA de criminosos condenados por crimes violentos (principalmente estupro) devido à probabilidade de reincidência (CONSELHO NACIONAL DE PESQUISA (Comitê sobre Tecnologia do DNA na Ciência Forense), *A tecnologia do DNA na ciência forense*, p. 126,128,136. Sobre isso, cf. ainda ROMEO CASABONA, *Genética y derecho*, p. 275-276.

[348] V. ROMEO CASABONA, *Genética y derecho*, p. 275. Ao contrário de outros países, o Brasil não tem legislação sobre bancos de dados genéticos. Todavia, e com o objetivo de dar à polícia maior poder de investigação e de produção de provas, além de contribuir para a elucidação de crimes de autoria desconhecida, a Secretaria Nacional de Segurança Pública (Senasp), ligada ao Ministério da Justiça, está trabalhando na criação de um banco nacional de dados de DNA com informações genéticas de vítimas e de criminosos, além de familiares de pessoas desaparecidas (Jornal *Correio do Povo*, 10.04.2006, p. 16).

[349] Apesar de não dispor especificamente sobre isso (art. 1, c), a Declaração Internacional sobre dados genéticos humanos (UNESCO, 2003), estabelece que a coleta, a utilização e a conservação de amostras biológicas para fins de medicina forense ou como parte de procedimentos civis ou penais devem observar os direitos humanos (arts.12, 17, *b*, 21, *b* e *c*).

[350] V. FIGUEIREDO DIAS/COSTA ANDRADE, *Criminologia*, p. 92-93; DOTTI, *Curso de direito penal*, p. 83.

[351] Na famosa conceituação de SUTHERLAND (apud FERNANDES/FERNANDES, *Criminologia integrada*, p. 24), criminologia "é um conjunto de conhecimentos que estudam o fenômeno e as causas da criminalidade, a personalidade do delinquente, sua conduta delituosa e a maneira de ressocializá-lo".

– fundado na experiência e na observação – a criminologia tem como objeto de pesquisa as infrações penais (crimes e contravenções) e os comportamentos desviantes, a personalidade dos delinqüentes, os meios (formais e informais) de controle ou reação social e as instituições que os executam, os processos de criação, a forma e o conteúdo das normas penais, assim como os seus efeitos e as suas conseqüências para as vítimas,[352] para os criminosos e para a sociedade. Noutras palavras, a criminologia reporta-se à infração penal e à conduta desviante, ao delinqüente, à vítima e ao sistema de controle social.[353]

Por outro lado, didaticamente, costuma-se dividir a criminologia em duas dimensões complementares[354] e não antagônicas: a criminologia tradicional[355] e a criminologia crítica (ou nova criminologia).[356] Enquanto a primeira dimensão preocupa-se exclusivamente (ou predominantemente) com a investigação das causas e dos fatores bio-psico-sociais ligados ao fenômeno criminal, a segunda, sem olvidar estes aspectos, dirige-se mais para o estudo do processo de produção da delinqüência e da *deviance*,[357] anali-

---

[352] Sobre a chamada vitimologia, v. FERNANDES/FERNANDES, *Criminologia integrada*, p. 455 e ss.; DOTTI, *Curso de direito penal*, p. 94 e ss.

[353] Nesse sentido, GARCÍA-PABLOS DE MOLINA/GOMES, *Criminologia*, p. 52 e ss., que todavia não incluem o comportamento desviante (ou desviado) como objeto da criminologia. Aliás, sobre o significado de conduta desviante, v. idem, ibidem, p. 55.

[354] Conforme esclarecem FIGUEIREDO DIAS/COSTA ANDRADE (*Criminologia*, p. 160), "as relações entre a criminologia tradicional e a criminologia crítica são mais de complementariedade e de interpenetração mútua do que de exclusão recíproca". Segundo FIGUEIREDO DIAS, "a criminologia [positivista] nasceu por inteiro subordinada ao *paradigma monista e reducionista das ciências da natureza* e, por conseqüência, na veste de uma ciência puramente empírica, causal e explicativa", mas a situação transformou-se a partir dos anos 60 do século XX com o surgimento da criminologia crítica e as suas principais manifestações (a saber: o interacionismo ou *labeling approach*, a etnometodologia e a criminologia radical), aduzindo o autor que o que existe de novo em todas estas direções "é a consciência de que a criminologia não é só (e nem tanto) uma ciência encerrada em um paradigma estritamente etiológico explicativo, mas é, também ela, uma ciência *compreensiva* do fenômeno criminal na sua integralidade, que assenta em supostos básicos jurídico-políticos e, por aqui, em uma política *criminal*". Assim, assevera o renomado autor português que, continuando a ser na condição uma ciência empírica e interdisciplinar, a criminologia deixa todavia "de se limitar estreitamente à investigação das causas do fato criminoso e da pessoa do delinqüente, para passar a abranger a *totalidade do sistema de aplicação da justiça penal*", nomeadamente as instâncias formais (a polícia, o ministério público, o juiz, a administração penitenciária, os órgãos de reinserção social e, em definitivo e antes de todas, a própria lei penal) e informais (a família, a escola, as associações privadas de ajuda social, etc.) de controle da delinqüência; para passar a abranger, numa palavra, o inteiro 'processo de produção da delinqüência'" (FIGUEIREDO DIAS, *Direito penal*, p. 38). Enfim, conclui FIGUEIREDO DIAS que esta perspectiva crítica da ciência criminológica "não visa *substituir* a vertente etiológica tradicional, mas *alargá-la* e *completá-la* pela consideração do processo de socialização no seu todo." (idem, ibidem, p. 37-38).

[355] Também chamada de criminologia clínica, criminologia positivista, criminologia etiológica, criminologia clássica ou criminologia científica.

[356] Segundo FIGUEIREDO DIAS/COSTA ANDRADE (*Criminologia*, p. 42) as três perspectivas mais relevantes da criminologia crítica ou nova são: o *labeling approach* (interacionismo simbólico ou teoria da reação social), a etnometodologia e a criminologia radical. Sobre a criminologia crítica, v. BARATTA, *Criminologia crítica e crítica do direito penal*; FIGUEIREDO DIAS/COSTA ANDRADE, *Criminologia*, p. 41 e ss.; ANYAR DE CASTRO, *Criminologia da reação social*.

[357] Cf. DOTTI, *Curso de direito penal*, p. 92.

sando a "totalidade do sistema de aplicação da justiça criminal".[358] Enfim, pode-se dizer ainda que a criminologia é composta de três grandes áreas a saber:[359] a biologia (ou bioantropologia) criminal, a psicologia criminal e a sociologia criminal.[360]

3.2.1. Biologia criminal e genética criminal

A biologia criminal estuda "o homem delinqüente, sua personalidade, seus caracteres fisiopsíquicos, bem como a dinâmica geral do delito", ocupando-se sobretudo dos fatores criminógenos internos (orgânicos) para compreender a criminalidade.[361] Para Bruno, "a biologia ou antropologia criminal ocupa-se das origens e da interpretação do crime como fenômeno da natureza humana e, para isso, estuda as condições naturais do homem criminoso, que possam explicar a sua criminosidade".[362] Ou como preferem Figueiredo Dias/Costa Andrade, tendo em vista o postulado geral de que há uma correspondência de fundo e uma relação de pré-determinação entre a constituição do homem e o seu comportamento, "as teorias bioantropológicas caracterizam-se por procurarem a explicação do crime naquilo que no homem delinqüente surge, de forma mais radical, como um *dado*, isto é, a sua estrutura orgânica", o que acaba por individualizar o criminoso como "alguém à partida *diferente*, contra qual ou sobre o qual devem exclusivamente incidir as medidas de política criminal".[363]

Aliás, como é sabido, foi a partir das teorias bioantropológicas que primeiro se procurou realizar o estudo científico-explicativo do crime, privilegiando "de forma mais ou menos exclusiva, os processos e condições que, de forma típica, se consideram como pertencentes ao ou característicos do organismo e não do seu ambiente".[364] Cabe ressaltar que estas teorias só surgiram e se firmaram devido, sobretudo, a Lombroso e à sua tese central sobre o atavismo criminoso, cuja figura do "delinqüente nato" seria uma

---

[358] FIGUEIREDO DIAS, *Direito penal*, p. 38.

[359] Todavia estas áreas mencionadas (biologia criminal, psicologia criminal e sociologia criminal) não são âmbitos científicos genuínos, mas tão somente partes ou segmentos da biologia e da medicina, da psicologia (e psiquiatria), e da sociologia, respectivamente. De outra banda, há uma certa discussão sobre esta sistematização. Assim, JESCHECK/WEIGEND (*Lehrbuch des Strafrechts*, p. 46), dividem a criminologia em antropologia criminal e sociologia criminal, sendo que a biologia criminal e a psicologia criminal integram a primeira. Já segundo MEZGER (*Criminologia*, p. 5-6), a psicologia criminal é uma parte da biologia criminal e ambas são doutrinas sobre a origem anímico-somática do delito. Seguindo a sistematização deste último, entre nós, BRUNO, *Direito penal*, I, p. 53.

[360] Cf. GARCÍA-PABLOS DE MOLINA/GOMES, *Criminologia*, p. 174; JORGE, *Curso de direito penal*, p. 18.

[361] JORGE, *Curso de direito penal*, p. 18.

[362] BRUNO, *Direito penal*, I, p. 50.A

[363] FIGUEIREDO DIAS/COSTA ANDRADE, *Criminologia*, p. 169-170.

[364] FIGUEIREDO DIAS/COSTA ANDRADE, *Criminologia*, p. 168.

"peculiar espécie humana (*species generis humani*) cognoscível em virtude de determinadas características corporais e anímicas".[365] Todavia, o ciclo das teorias bioantropológicas é muito mais amplo, envolvendo outras modernas hipóteses criminológicas que – com diferenças óbvias face às concepções positivistas do século XIX[366] – ainda persistem em "tentar descobrir o peso etiológico deste tipo de variáveis, reeditando assim, de forma mais ou menos larvada, o núcleo essencial do pensamento lombrosiano".[367] Com efeito, continua-se a acreditar que a "compreensão das determinantes biológicas é essencial para uma melhor e mais completa compreensão do comportamento, em ordem à elaboração de mais adequadas teorias e explicações do comportamento humano – independentemente de ele ser definido como anti-social e criminal, ou como pró-social".[368] Entretanto, se modificaram profundamente os parâmetros da explicação bioantropológica (clássica) do crime, por entender-se que as suas hipóteses e respectivas variáveis também funcionam em interação contínua com as variáveis de outros fatores criminógenos de índole sociológica e/ou psicológica.[369] De qualquer maneira, nem tudo se perdeu do legado científico das velhas teorias bioantropológicas e muitas das suas idéias voltam a ocupar espaço reassumindo relevo teórico-criminológico em enquadramentos totalmente novos.[370] Modernos campos de pesquisa incrementaram a investigação criminológica e novas conquistas das ciências biomédicas vieram a "rejuvenescer a biologia criminal clássica e dar confirmação a muitas das suas conclusões".[371] É sobretudo a disciplinas como neurofisiologia,[372] endocrinologia,[373] bioquímica[374] e genética[375] que atualmente se pede a explicação (endógena) do comportamento criminoso. Devido aos nossos propósitos, vamos então tratar da denominada genética criminal.

---

[365] MEZGER, *Criminología*, p. 19.

[366] As próprias origens do termo criminologia remontam aos finais do século XIX e sua compreensão como "ciência" coincide com o surgimento do positivismo, em especial, com a chamada "escola positiva" – representada sobretudo por Lombroso, Ferri e Garófalo – que, dentre outras exigências metodológicas e teóricas, baseava-se na negação do livre-arbítrio e na crença do determinismo.

[367] FIGUEIREDO DIAS/COSTA ANDRADE, *Criminologia*, p. 172.

[368] SHAH/ROTH, *Biological and psychological factors in criminality* apud FIGUEIREDO DIAS/COSTA ANDRADE, *Criminologia*, p. 174

[369] FIGUEIREDO DIAS/COSTA ANDRADE, *Criminologia*, p. 174, 175-176.

[370] Idem, ibidem, p. 176.

[371] BRUNO, *Direito penal*, I, p. 51.

[372] Sobre a neurofisiologia criminal, v. GARCÍA-PABLOS DE MOLINA/GOMES, *Criminologia*, p. 191-195.

[373] Idem, ibidem, p. 197-200.

[374] Idem, ibidem, p. 200-206.

[375] Sobre a genética criminal, v. GARCÍA-PABLOS DE MOLINA/GOMES, *Criminologia*, p. 206-213; SPORLEDER DE SOUZA, *A criminalidade genética*, p. 111-129; ROMEO CASABONA, *Genética y derecho*, p. 250-264.

Localizada dentro da biologia criminal, a genética criminal visa investigar cientificamente se há e quais são os fatores genéticos[376] que podem determinar ou influenciar certos comportamentos criminosos ou desviantes. A genética criminal tem como objeto de estudo, portanto, a base genética da personalidade do delinqüente. Por outro lado, os âmbitos metodológicos de preferência da genética criminal têm se caracterizado historicamente pelos seguintes tipos de estudo: a) estudos sobre "famílias criminais" (famílias com descendentes delinqüentes) ou estudos genealógicos de delinqüentes, b) estudos sobre gêmeos; c) estudos sobre adoção; e d) estudos sobre anomalias cromossômicas.[377]

Todavia, com progresso das ciências e tecnologias biomédicas, e em especial com as possibilidades que se abriram com o Projeto Genoma Humano, agregou-se hoje à genética criminal uma nova metodologia de pesquisa baseada em *estudos sobre os genes*. E, como refere Romeo Casabona, "as investigações sobre o genoma humano constituem um novo e transcendental panorama para explicar as bases biológicas (genéticas) do comportamento humano e, por conseqüência, da criminalidade".[378] Assim, muitos geneticistas vêm procurando correlacionar a transmissibilidade (hereditariedade) e a eventual preponderância de fatores ligados aos genes com a criminalidade, sobretudo porque neste momento especula-se que algumas manifestações da personalidade e do comportamento (p.ex. homossexualidade, agressividade, inteligência, etc.), assim como certas doenças (alcoolismo, esquizofrenia, psicoses maníaco-depressivas, etc.) encontram sua explicação nos genes.[379] No entanto, as pesquisas ainda estão muito longe de apresentar resultados conclusivos, devendo-se esperar, por conseguinte, que elas avancem para se chegar a afirmações mais categóricas a respeito disso[380], se for o caso. De qualquer forma, é importante ter em mente que a

---

[376] Os fatores genéticos podem ser divididos em duas categorias: fatores gênicos (ligados aos genes) e fatores cromossômicos (ligados aos cromossomos), cf. FERNANDES/FERNANDES, *Criminologia integrada*, p. 176.

[377] V. GARCÍA-PABLOS DE MOLINA/GOMES, *Criminologia*, p. 207 e ss.; ROMEO CASABONA, *Genética y derecho*, p. 250; SPORLEDER DE SOUZA, *A criminalidade genética*, p. 13 e ss.

[378] ROMEO CASABONA, *Genética y derecho*, p. 250.

[379] Sobre isso v. HAMER/COPELAND, *Aprenda a viver com os seus genes*; MEDNICK/SARNOFF/MOFFIT, *The causes of crime: new biological approaches*; FUKUYAMA, *O nosso futuro pós-humano*, p. 51 e ss.; SPORLEDER DE SOUZA, *A criminalidade genética*, p. 117 e ss.; ROMEO CASABONA, *Genética y derecho*, p. 247 e ss.; BRUNNER et. al., "Abnormal behavior associeted with a point mutation in the structural gene for monoamine oxidase", *Science* 262 (1993), p. 578; CARLIER, in: Albernhe (Dir.), *Criminologie et psychiatrie*, p. 343; FISHBEIN, *Biobehavioral perspectives in criminology*; MORELL, "Evidence found for a posible 'agression gene'", Science 260 (1993), p. 172.

[380] Por outro lado, "alguns pesquisadores advertem que se na atualidade não se pode demonstrar a influência (ainda que esta pareça provável) ou, inclusive, a determinação genética no comportamento humano (o que é muito mais duvidoso), os conhecimentos atuais tampouco permitem rechaçar o contrário, isto é, a irrelevância do genótipo individual no comportamento, e por tal motivo seria precipitado extrair conclusões definitivas num ou noutro sentido (...) Por conseguinte, a hipotética relação causal entre características genéticas e comportamento criminal – ou, se se preferir, determinismo genético – é uma questão aberta" (ROMEO CASABONA, *Genética y derecho*, p. 251-252;255).

maior ou menor influência genética no comportamento criminoso/desviante certamente não será o fator etiológico decisivo e único, pois se sabe que a criminalidade é desencadeada por diversos outros fatores (psicológicos, culturais e sociais) concomitantes.

3.2.2. Genética criminal e culpabilidade

Por outro lado, essas contribuições da genética criminal também podem ter repercussões no âmbito da teoria jurídica do delito, em especial no que diz respeito à culpabilidade, categoria essencial do conceito analítico de crime.

Primeiramente, e embora a maior parte dos penalistas rechace qualquer forma de determinismo do comportamento criminoso, diante das recentes descobertas da genética proporcionadas pelo Projeto Genoma Humano – com o conhecimento cada vez maior do genoma humano –, discute-se se o possível surgimento de um "determinismo genético" poderia pôr em xeque e/ou substituir a atual compreensão da culpabilidade, baseada na idéia de livre arbítrio[381]. Em segundo lugar, outro problema derivado que se coloca é saber se esses conhecimentos trazidos pela genética poderão ter impacto na capacidade de culpabilidade (imputabilidade) do agente, no sentido excluir ou reduzir a sua responsabilidade penal. Como aponta Romeo Casabona, "somos obrigados a reconhecer o papel que desempenhará no futuro o conhecimento cada vez mais profundo sobre o genoma humano, visto que poderá ser uma base biológica decisiva para excluir ou reduzir a culpabilidade"[382] de alguém. Neste sentido – segue o autor –, as perspectivas que se abrem pelas análises genéticas centram-se fundamentalmente no aporte de elementos de prova mais confiáveis e precisos que corroborem o estado mental patológico em discussão durante o processo penal, quando seja de origem genética.[383] Assim, poderia demonstrar-se que certos fatores genéticos teriam o condão de impedir ou condicionar completamente (inimputabilidade) ou parcialmente (semi-imputabilidade) a capacidade de autodeterminação do agente. Por fim, mas relacionado a tudo isso, é digna de menção a questão referente à "suscetibilidade genética", ou seja, na medida em que os fatores genéticos forem efetivamente comprovados, futuramente será possível verificar uma certa predisposição ou suscetibilidade para o desenvolvimento de doenças ("suscetibilidade patológica") e/ou para o cometimento de crimes ("suscetibilidade criminal"). Embora a culpabilidade se reporte sempre a um acontecimento passado, isso poderá desencadear "juízos de predição" (futuros) em relação a criminosos potenciais. Todavia, além de ainda não haver comprovações científicas idôneas

---

[381] Ou seja: a cartografia genética de um indivíduo permitirá afirmar a determinação causal de seu comportamento criminoso?

[382] ROMEO CASABONA, *Genética y derecho*, p. 259.

[383] Idem, ibidem, p. 259.

e convincentes para tal, não parece oportuno favorecer uma volta às teses positivistas do século XIX – ainda que revestidas com uma nova roupagem através da genética moderna – a fim de pretender fundamentar a pena na periculosidade do delinqüente (como é o caso, aliás, das medidas de segurança) levando em consideração a sua suscetibilidade genética (criminal). De todos os modos, a atitude do jurista deverá ser sempre aberta e disposta a reconsiderar suas avaliações à luz do desenvolvimento que essas inovações científicas venham tendo, mas sem qualquer tipo de precipitação e/ou reducionismo. Enfim, devemos aguardar acompanhando atentamente as informações dos resultados das investigações sobre o genoma humano para saber se estamos avançando ou não na busca dessas interrogações.

Bibliografia

ANDERSON, W./FRIEDMANN, T. Gene therapy. In: Reich, W.T. (Ed.), *Encyclopedia of bioethics*.2.ed.New York: Simon & Schuster Macmillan, 1995, p. 907 e ss.

ANDRADE, A. Segurança em biotérios. In: Teixeira/Valle (Orgs.). *Biossegurança: uma abordagem multidisciplinar*. Rio de Janeiro: FIOCRUZ, 1996, (1ª. reimpressão, 1998), p.225 e ss.

ANDRADE, M. da Costa. Direito penal e modernas técnicas biomédicas, *Revista de Direito e Economia* 12 (1986), p. 99 e ss.

ANYAR DE CASTRO, L. *Criminologia da reação social*. Trad. Éster Kosowski. Rio de Janeiro: Forense, 1983.

BARATTA, A . *Criminologia crítica e crítica do direito penal*. Trad.Juarez Cirino dos Santos. Rio de Janeiro: Revan, 1997.

BARBERO SANTOS, M. (Ed.). *Ingeniería genética y reproducción asistida*. Madrid: Marino Barbero Santos Ed., 1989.

BARTH, W. *Células-tronco e bioética: o progresso biomédico e os desafios éticos*. Porto Alegre: PUCRS, 2006.

BAUMANN, J. Strafbarkeit von In-vitro-Fertilisation und Embryotransfer? – Eine rechtspolitische Betrachtung. In: Günther, H-L./Keller, R. (Hrsg.), *Fortpflanzungsmedizin und Humangenetik – Strafrechtliche Schranken?*. Tübingen: J.C.B. Moher (Paul Siebeck), 1991, p.177 e ss.

BENDA, E. Humangenetik und Recht – Eine Zwischenbilanz, *Neue Juristische Wochenschrift* 38 (1985), p.1730 e ss.

BENÍTEZ ORTÚZAR, I. F. *Aspectos jurídico-penales de la reproducción asistida y la manipulación genética humana*. Madrid: Edersa, 1997.

BITENCOURT, C. *Tratado de direito penal:parte especial* (vol.4). 2ª ed. São Paulo: Saraiva, 2006.

——. *Tratado de direito penal:parte especial* (vol.2). 5ª ed. São Paulo: Saraiva, 2006.

BRUNO, A . *Direito penal. Parte geral* (T. I). 3ª ed. Rio de Janeiro: Forense, 1967.

BUTLER, J.M. *Forensic DNA typing: biology and technology behind STR markers*. New York: Academic Press Ed., 2001.

CAO, A . Carrier screening. In: Reich, W.T. (Ed.), *Encyclopedia of bioethics*. 2ª ed.New York: Simon & Schuster Macmillan, 1995, p.993-994.

CARLIER, Génétique, agressivité et criminalité. In: Albernhe (Dir.), *Criminologie et psychiatrie*. Paris: Elipses/Édition Marketing, 1997, p.343 e ss.

CARRERA, J. M. Diagnóstico prenatal: un concepto en evolución. In: Carrera (Ed.), *Diagnóstico prenatal*. Barcelona: Ed. Salvat, p. 3 e ss.

CARVALHO, G. La protección penal del patrimonio genético en Brasil (comentarios a la nueva "Lei de bioseguridad", de 24 de marzo de 2005). *Revista de Derecho y Genoma Humano* 23 (2005), p. 93 e ss.

——. Reflexões sobre a clonagem terapêutica e a proteção penal do embrião humano. *Revista dos Tribunais* 842 (2005), p.385 e ss.

——. Tutela penal do patrimônio genético. *Revista dos Tribunais* 821 (2004), p. 435 e ss.

COELHO, F. *Curso de direito comercial* (vol. 1). São Paulo: Saraiva, 2005.

CORREIA, E. *Direito criminal* (V. I) reimp. Coimbra: Almedina, 2001.

CLOTET, J. *Bioética: uma aproximação*. Porto Alegre: Edipucrs, 2003.

CLOTET, J./GOLDIM, J. (orgs.). *Seleção de sexo e bioética*. Porto Alegre: Edipucrs, 2004.

CONSELHO NACIONAL DE PESQUISA (Comitê sobre Tecnologia do DNA na Ciência Forense), *A tecnologia do DNA na ciência forense*. Trad. e revisão F.A. Moura Duarte. Ribeirão Preto: FUNPEC-RP, 1999.

CUESTA AGUADO, P. *La reproducción asistida humana sin consentimiento: aspectos penales.* Valencia: Tirant lo Blanch,1999;

CURVO LEITE, R. *Transplantes de órgãos e tecidos e os direitos da personalidade*. São Paulo: Juarez de Oliveira, 2000.

D'AVILA, F. *Ofensividade e crimes omissivos próprios (contributo à compreensão do crime como ofensa ao bem jurídico)*. Coimbra: Coimbra Ed., 2005.

——. *Crime culposo e a teoria da imputação objetiva*. São Paulo: Revista dos Tribunais, 2001.

DE LA FUENTE,P. Presente y futuro de la fertilización "in vitro" y transferencia de embriones. In: Barbero Santos (Ed.), *Ingeniería genética y reproducción asistida*. Madrid: Marino Barbero Santos, 1989, p. 81 e ss.

DELEURY, E. Embrião excedentário. In: Hottois/Parizeau, *Dicionário da bioética*. Trad. Maria de Carvalho. Lisboa: Instituto Piaget, 1998, p. 183-186.

DELMANTO, C. et.al. *Código penal comentado*. 6ª ed. Rio de Janeiro: Renovar, 2004.

DEL NERO, P. *Propriedade intelectual: a tutela jurídica da biotecnologia*. 2ª ed. São Paulo: Revista dos Tribunais, 2004.

DOTTI, R. *Curso de direito penal. Parte geral*. Rio de Janeiro: Forense, 2003.

EDER, G. Soll der Umgang mit IVF-Embryonen (Experimentiren, Vernichten u.a.) rechtlich, insbesondere strafrechtlich gergelt werden und gegebenenfalls wie?. In: Kaufmann, A (Hrsg.), *Moderne Medizin und Strafrecht. Ein Vademecum für Ärzte und Juristen über strafrechtliche Grundfragen ärztlicher Tätigkeitsbereiche*. Heidelberg: C.F. Müller Juristischer Verlag, 1989, p. 195 e ss.;

ERDL, C. Die heterologe Insemination. In: Kaufmann, A (Hrsg.), *Moderne Medizin und Strafrecht. Ein Vademecum für Ärzte und Juristen über strafrechtliche Grundfragen ärztlicher Tätigkeitsbereiche*. Heidelberg: C.F. Muller Juristischer Verlag, 1989, p. 175 e ss.

ERRERA, M. Armas biológicas. In: Hottois/Parizeau. *Dicionário da bioética*. Trad. Maria de Carvalho. Lisboa: Instituto Piaget, p. 43-46.

ESER, A . *Derecho penal, medicina y genética*. Trad. vários autores. Lima: Idemsa, 1998.

——. *La moderna medicina de la reproducción e ingeniería genética*: aspectos legales y sociopolíticos desde el punto de vista alemán. In: Barbero Santos (ed.), *Ingeniería genética y reproducción asistida*. Madrid: Marino Barbero Santos Ed., 1989.

——. Genética humana. Aspectos jurídicos e sócio-políticos. Trad. Pedro Caeiro. *Revista Portuguesa de Ciência Criminal* 2 (1992), p. 45 e ss.

――. et.al. La clonación humana.Fundamentos biológicos y valoración ético-jurídica. Tad. L.Escajedo San Epifanio, *Revista de Derecho y Genoma Humano* 9 (1998), p. 91 e ss.

ETXEBERRÍA GIURIDI, J. *Los análisis de ADN y su aplicación al proceso penal*. Granada: Comares, 2000.

FERNANDES, N./FERNANDES, V. *Criminologia integrada*. São Paulo: Revista dos Tribunais, 1995.

FERREIRA, J. Resíduos de laboratórios. In: Teixeira/Valle (Orgs.). *Biossegurança: uma abordagem multidisciplinar*. Rio de Janeiro: FIOCRUZ, 1996, (1ª reimpressão, 1998), p. 191 e ss.

FIGUEIREDO DIAS, J. *Direito penal: parte geral*. T. I. Coimbra: Coimbra Ed., 2004.

――. Na era da tecnologia genética: que caminhos para o direito penal da medicina?. *Revista Brasileira de Ciências Criminais* 48 (2004), p. 62 e ss.

――; COSTA ANDRADE, M. da. *Criminologia: o homem delinqüente e a sociedade criminógena*. 2ª reimp. Coimbra: Coimbra Ed., 1997.

FISHBEIN, D. *Biobehavioral perspectives in criminology*. Belmont: Wadsworth Publishing Company, 2001.

FONTES, E./ROCHA, F/VARELLA, M. *Biossegurança e biodiversidade: contexto científico e regulamentar*. Belo Horizonte: Del Rey, 1998.

FRAGOSO, H.C. *Lições de direito penal. Parte geral*. 13ª ed. Rio de Janeiro: Forense, p. 21-22.

FRANCO, A. Genética humana e direito, *Bioética* 4 (1996), p. 17 e ss.

――. Genética humana e direito penal, *Boletim do IBCCrim* 45 (1996), p. 4-5.

――; STOCO, R (Coords.). *Leis penais especiais e sua interpretação jurisprudencial*. Vol.2. 7ª. ed. São Paulo: Revista dos Tribunais, 2001, p.2631 e ss..

FUKUYAMA, F. *O nosso futuro pós-humano. Consequências da revolução biotecnológica*. Trad. Vitor Antunes. Lisboa: Quetzal, 2002.

GALANTE FILHO, H. et.al. *Identificação humana*. Porto Alegre: Sagra Luzzatto, 1999.

――. *Tratado de perícias criminalísticas*. Porto Alegre: Sagra Luzzatto, 1995.

GARCÍA-PABLOS DE MOLINA, A.; GOMES, L. F. *Criminologia: introdução a seus fundamentos teóricos*. 2ª ed. São Paulo: Revista dos Tribunais, 1997.

GERMAN NATIONAL ETHICS COUNCIL. *Biobanks for research (Opinion)*. Berlin: Nationaler Ethikrat, 2004.

――. *Genetic diagnosis before and during pregnancy (Opinion)*. Berlin: Nationaler Ethikrat, 2003.

GOMES, H. *Medicina legal*. 30ª ed. Rio de Janeiro: Freitas Bastos, 1993.

GUIMARÃES, A. *Alguns problemas jurídico-criminais da procriação medicamente assistida*. Coimbra: Coimbra Ed., 1999.

GÜNTHER, H-L.; KELLER, R. (Hrsg.). *Fortpflanzungsmedizin und Humangenetik – Strafrechtliche Schranken?*. Tübingen: J. C. B. Mohr (Paul Siebeck), 2. Aufl., 1991.

HAMMER/COPELAND. *Aprenda a viver com os seus genes. A ciência da personalidade, do comportamento e do destino genético*. Trad. J. Tavares. Lisboa: Livros do Brasil, 1998.

HAMMERSCHMIDT, D. *Transgênicos e direito penal*. São Paulo: Revista dos Tribunais, 2006.

HERMITTE, M-A. Comercialização do corpo e dos seus produtos. In: Hottois/Parizeau, *Dicionário da bioética*. Trad. Maria de Carvalho. Lisboa: Instituto Piaget, 1998, p. 73-80.

HERRERA CAMPOS, R. *La inseminación artificial. Aspectos doctrinales y regulación legal española*. Granada: Universidad de Granada, 1991.

HERZOG, F. Gentechnologie – Forschungskontrolle durch Strafrecht?, *Zeitschrift für die gesamte Strafrechtswissenchaft* 105 (1993), p. 727 e ss.

HIGUERA-GUIMERÁ, J-F. *El derecho penal y la genética*. Madrid: Trivium, 1995.

HILGENDORF, E. Ektogenese und Strafrecht, *Medizinrecht* 11 (1994), p. 429 e ss.

HOTTOIS, G. Información y saber genéticos, *Revista de Derecho y Genoma Humano* 11 (1999), p. 25 e ss.

――. Fingerprint do ADN. In: Hottois/Parizeau. *Dicionário da bioética*. Trad. Maria de Carvalho. Lisboa: Instituto Piaget, p. 257-259.

――; PARIZEAU, M-H. *Dicionário da bioética*. Trad. Maria de Carvalho. Lisboa: Instituto Piaget, 1998.

JESCHECK, H-H./WEIGEND, T. *Lehrbuch des Strafrechts.* AT. 5 Aufl. Berlin: Duncker & Humblot, 1996.

JESUS, D. *Direito penal: parte especial* (vol. 2). 26ª ed. São Paulo: Saraiva, 2004.

JOBIM, L.F./JOBIM, M.R./BRENNER, C. Identificação humana pelo DNA: investigação de paternidade e análise de casos forenses. In: Galante Filho et.al. *Identificação humana*. Porto Alegre: Ed. Sagra Luzzatto, 1999, p. 238 e ss.

JORGE, W. *Curso de direito penal: parte geral*. Vol I. 7ª ed. Rio de Janeiro: Forense, 2005.

JUNG, H. Biomedizin und Strafrecht, *Zeitschrift für die gesamte Strafrechtswissenchaft* 100 (1988), p. 3 e ss.

KAUFMANN, Arthur. Humangenetik und Fortpflanzungstechnologien aus rechtlicher, insbesondere strafrechtlicher Sicht. In: *Oehler-FS*. Köln;Berlin;Bonn;München: Carl Heimanns Verlag, 1985, p. 649 e ss.

KELLER, R. Fortpflanzungstechnologie und Strafrecht. In: Günther, H-L.; Keller, R. (Hrsg.), *Fortpflanzungsmedizin und Humangenetik – Strafrechtliche Schranken?*. Tübingen: J.C.B. Moher (Paul Siebeck), 1991, p. 193 e ss.

KELLER, R./GÜNTHER, H-L; KAISER, P. *Embryonenschutzgesetz – Kommentar zum Embryonenschutzgesetz*. Stuttgart;Berlin; Köln: W. Kohlhammer, 1992.

KNOPPERS, B./LE BRIS, S. Maternidade de substituição. In: Hottois; Parizeau, *Dicionário da bioética*. Trad. Maria de Carvalho. Lisboa: Instituto Piaget, 1998, p278-281.

KÜSTER, H./PÜHLER, A . Biotechnik. In: Korff/Beck; Mikat (Hrsg.). *Lexikon der Bioethik*. Gütersloher: Gütersloher Verlaghaus, 1998.

LACADENA CALERO, J-R. Manipulación genética en la especie humana. In: Barbero Santos (Ed.), *Ingeniería genética y reproducción asistida*. Madrid: Marino Barbero Santos Ed., 1989, p. 17 e ss.

――. Embriones humanos y cultivos de tejidos: reflexiones científicas, éticas y jurídicas, *Revista de Derecho y Genoma Humano* 12 (2000), p. 191 e ss.

LEITE, F. et.al. DNA Forense: recomendações técnicas para a padronização de procedimentos e metodologias. In: Tocchetto/Espindula (Coord.). *Criminalística: procedimentos e metodologias*. Porto Alegre: [s.n.], 2005, p. 242 e ss.

LEROY, F. Ectogênese. In: Hottois/Parizeau, *Dicionário da bioética*. Trad. Maria de Carvalho. Lisboa: Instituto Piaget, 1998, p. 181-182.

LIEGSALZ, A. Strafrechtliche Grenzen der "künstlichen" Fortpflanzung. In: Roxin, C./ Schroth, U. (Hrsg.). *Medizinstrafrecht: Im Spannungsfeld von Medizin, Ethik und Strafrecht*. 2.Aufl.Stuttgart;München; Hannover;Berlin; Weimar;Dresden:Boorberg Verlag, 2001, p. 339 e ss.

LOBO, P. Paternidade socioafetiva e o retrocesso da Súmula 301 do STJ. *Revista Jurídica* 339 (2006), p. 45 e ss.

LOPES, J. *Curso de direito penal. Parte geral.* 2ª ed. São Paulo: Ed. Revista dos Tribunais, 1996, p. 37-39.

LORENTE ACOSTA, J./LORENTE ACOSTA, M. *El ADN y la identificación en la investigación criminal y en la paternidad biológica.* Granada: Comares, 1995.

LÜTTGER, H. *Medicina y derecho penal. Inseminación artificial humana. Anticonceptivos y aborto. Embrión, feto y persona. Concepto de muerte en el derecho penal. Trasplante de órganos.* Trad. E. Bacigalupo. Madrid: Editoriales de Derecho Reunidas, 1984.

MALUF, E. *Manipulação genética e o direito penal.* São Paulo: Juarez de Oliveira, 2002.

MANTOVANI, F. Problemi penali delle manipulazioni genetiche, *Rivista Italiana di Diritto e Procedura Penale* (1986), p. 653 e ss.

———. Diritto penale e tecniche bio-mediche moderne, *L'Indice Penale* (1988), p.13 e ss.

———. Investigación en el genoma humano y manipulaciones genéticas. In: Romeo Casabona (Ed.), *Biotecnologia y derecho. Perspectivas en derecho comparado.* Bilbao-Granada: Fundación BBV/Editorial Comares, 1998, p. 207 e ss.

———. Uso de gametos, embriones y fetos en la investigación genética y con propósitos cosméticos e industriales. In: Romeo Casabona (Ed.), *Biotecnologia y derecho. Perspectivas en derecho comparado.* Bilbao-Granada: Fundación BBV/Editorial Comares, 1998, p.249 e ss.

———. Manipulaciones genéticas, bienes jurídicos amenazados, sistemas de control y técnicas de tutela. Trad. J. Peris Riera. *Revista de Derecho y Genoma Humano* 1 (1994), p. 93 e ss.

MARANHÃO, O. *Curso básico de medicina legal.* 4ª. ed. São Paulo: Ed. Revista dos Tribunais, 1989.

MARTINEZ, S.M. Derecho a la vida vs.derecho a una determinada calidad de vida. Reflexiones sobre la clonación humana. *Revista de Derecho y Genoma Humano* 18 (2003), p.77 e ss.

———. *Manipulación genética y derecho penal.* Buenos Aires: Ed. Universidad, 1994.

McEWEN, J./REILLY, P. Legal issues. In: Reich, W.T. (Ed.), *Encyclopedia of bioethics.* 2ª ed.New York: Simon & Schuster Macmillan, 1995, p. 1000 e ss.

MEDNICK/SARNOFF/MOFFIT. *The causes of crime: new biological approaches.* New York: Cambridge University Press, 1987.

MEZGER, E. *Criminología.* 2ª.ed. Madrid: Ed. Revista de Derecho Privado, s/d.

MIETH, D. Células tronco: os problemas éticos do uso de embriões para pesquisa. In: Garrafa/Pessini (Orgs.), *Bioética: Poder e injustiça.* São Paulo: Ed. Loyola, 2003, p. 171 e ss.

MINAHIM, M. *Direito penal e biotecnologia.* São Paulo: Revista dos Tribunais, 2005.

MISSA, J-N./PINSART, M-G. Engenharia genética. In: Hottois/Parizeau, *Dicionário de Bioética.* Trad. M.de Carvalho. Lisboa: Instituto Piaget, 1998, p. 186-190.

MONIZ, H. Os problemas jurídico-penais da criação de uma base de dados genéticos para fins criminais. *Revista Portuguesa de Ciência Criminal* 12 (2002), p. 237 e ss.

MORA SÁNCHEZ, J. *Aspectos sustantivos y procesales de la tecnologia del ADN.* Bilbao-Granada: Fundación BBV/Universidad de Deusto/Universidad del País Vasco/EHU/ Comares, 2001.

MOULIN, M. Direito à saúde. In: Hottois/Parizeau, *Dicionário da bioética.* Trad. Maria de Carvalho. Lisboa: Instituto Piaget, 1998, p.139-142.

NAGLER, D./SÄMMER, S. Die In-Vitro-Fertilisation (IVF) und der Embryo-Transfer (ET). In: Kaufmann, A (Hrsg.), Moderne Medizin und Strafrecht. Ein Vademecum für Ärzte und Juristen über strafrechtliche Grundfragen ärztlicher Tätigkeitsbereiche. Heidelberg: C.F. Müller Juristischer Verlag, 1989, p. 183 e ss.

NEWELL, N. Biotechnology. In: Reich, W.T. (Ed.), *Encyclopedia of bioethics*. New York: Simon & Schuster Macmillan, 1995, p. 283-288.

NICOLELLIS, P. *Alimentos transgênicos, questões atuais: de acordo com a nova Lei de Biossegurança e Biotecnologia*. Rio de Janeiro: Forense, 2006.

OTERO, P. *Personalidade e identidade pessoal e genética do ser humano: um perfil constitucional da bioética*. Coimbra: Almedina, 1999.

PARIZEAU, M-H. Redução embrionária. In: Hottois/Parizeau, *Dicionário da bioética*. Trad. Maria de Carvalho. Lisboa: Instituto Piaget, 1998, p. 326-327.

——. Experimentação no embrião. In: Hottois/Parizeau, *Dicionário da bioética*. Trad. Maria de Carvalho. Lisboa: Instituto Piaget, 1998, p. 242-246.

PERIS RIERA, J. M. *La regulación penal de la manipulación genética en España (principios penales fundamentales y tipificación de las genotecnologías)*. Madrid: Civitas, 1995.

PINHEIRO, M. Contribuição do estudo do DNA na resolução de casos criminais. *Revista do Ministério Público* (Portugal) 74/145 (1998).

PRADO, L. R. *Curso de direito penal brasileiro: parte especial* (vol.3). São Paulo: Revista dos Tribunais, 2004.

——. *Direito penal do ambiente*. São Paulo: Revista dos Tribunais, 2005.

——. Biossegurança e direito penal. *Revista dos Tribunais* 835 (2005), p. 415 e ss.

——; HAMMERSCHMIDT, D. Novas tecnologias, biossegurança e direito penal. In: Romeo Casabona/Freire de Sá (Coords). *Desafios jurídicos da biotecnologia*. Belo Horizonte: Mandamentos, 2007, p. 373 e ss.

PÜTTNER, G/BRÜHL, K. Fortpflanzungsmedizin, Gentechnologie und Verfassung, *Juristenzeitung* 42 (1987), p. 529 e ss.

ROCHA, F./VARELLA, M. Tutela penal do patrimônio genético. *Revista dos Tribunais* 741 (1997), p.463 e ss.

ROMEO CASABONA, C. M. *El derecho y la bioética ante los límites de la vida humana*. Madrid: Editorial Centro de Estudios Ramón Areces, S.A, 1994.

——. *Del gen al derecho*. Bogotá: Universidad Externado de Colombia, 1996.

——. *Genética y derecho: responsabilidad jurídica y mecanismos de control*. Buenos Aires: Astrea, 2003.

——. *Los delitos contra la vida y la integridad personal y los relativos a la manipulación genética*. Granada: Comares, 2004.

——. (Ed.). *Código de Leyes sobre genética*. Bilbao: Universidad de Deusto/Fundación BBV, 1997.

——. (Ed.). *Genética y derecho penal. Previsiones del código penal español de 1995*. Bilbao-Granada: Fundación BBV/Comares, 2001.

——; FREIRE DE SÁ, M. (Coords.). *Desafios jurídicos da biotecnologia*. Belo Horizonte: Mandamentos, 2007.

SCARPARO, M. *Fertilização assistida: questão aberta, aspectos científicos e legais*. Rio de Janeiro: Forense Universitária, 1991.

SCHICK, P. Fortpflanzungstechnologie und Strafrecht. Eine österreichische Bestandsaufnahme. In: Günther, H-L.; Keller, R. (Hrsg.), *Fortpflanzungsmedizin und Humangenetik – Strafrechtliche Schranken?*. 2.Aufl.Tübingen: J. C. B. Moher (Paul Siebeck), 1991, p. 327 e ss.

SENADO FEDERAL. *Anais do Seminário Internacional sobre Biodiversidade e Transgênicos*. Brasília: Senado Federal, 1999.

SILVER, L. Impactos da biotecnologia no contexto mundial e seus reflexos no Brasil. In: Soares/Soares (Orgs.). *A sociedade frente à biotecnologia e os produtos transgênicos* (Anais do Seminário). Brasília: O CONFEA, 1999, p. 31 e ss.

SIRVINSKAS, L. Tutela penal do patrimônio genético. *Revista dos Tribunais* 790 (2001), p. 475 e ss.

SOARES, F./SOARES, C. (Orgs.). *A sociedade frente à biotecnologia e os produtos transgênicos* (Anais do Seminário). Brasília: O CONFEA, 1999.

SOBRINHO, M.S. *A identificação criminal*. São Paulo: Ed. Revista dos Tribunais, 2003.

SOUTO DE MOURA, J. Diagnóstico pré-natal, *Revista Portuguesa de Ciência Criminal* 4 (1994), p. 321 e ss.

SPORLEDER DE SOUZA, P.V. *Bem jurídico-penal e engenharia genética humana: contributo para a compreensão dos bens jurídicos supra-individuais*. São Paulo: Revista dos Tribunais, 2004.

———. *A criminalidade genética*. São Paulo: Revista dos Tribunais, 2001.

———. Seleção de sexo: aspectos jurídico-penais. In: Clotet/Goldim (orgs.), *Seleção de sexo e bioética*. Porto Alegre: Edipucrs, 2005, p. 69 e ss.

———. Breves reflexões sobre os elementos normativos negativos do tipo. *Revista Jurídica* 339 (2006), p. 73 e ss.

———. Clonagem terapêutica: aspectos jurídico-penais, *Revista Brasileira de Ciências Criminais* 53 (2005), p. 142 e ss.

———. Intervenções genéticas em seres humanos: aspectos jurídico-penais. In: Romeo Casabona/Freire de Sá (Coords). *Desafios jurídicos da biotecnologia*. Belo Horizonte: Mandamentos, 2007, p. 147 e ss.

———; D'AVILA, F. (Coords.). *Direito penal secundário. Estudos sobre crimes econômicos, ambientais, informáticos e outras questões*. São Paulo: Revista dos Tribunais, 2006.

STARCK, C. Menschenwürde als Verfassungsgarantie im modernen Staat, *Juristenzeitung* 36 (1981), p. 457 e ss.

———. El estatuto moral del embrión. Trad.S.Romeo Malanda. *Revista de Derecho y Genoma Humano* 15 (2001), p. 139 e ss.

STERNBERG-LIEBEN, D. Fortpflanzungsmedizin und Strafrecht, *Neue Zeitschrift für Strafrecht* 8 (1988), p. 1 e ss.

———. Gentherapie und Strafrecht, *Juristische Schulung* 26 (1986), p. 673 e ss.

SUZUKI/KNUDTSON. *GenÉtica. Conflictos entre la ingeniería genética y los valores humanos*. Trad. J. Sanmartín; M.Vicedo. Madrid: Editorial Tecnos S.A, 1991.

TEIXEIRA, P.; VALLE, S. (Orgs.). *Biossegurança: uma abordagem multidisciplinar*. Rio de Janeiro: FIOCRUZ, 1996 (1ª reimpressão, 1998).

TESTART, J. *Procriação pela medicina*. Trad.Ana Rabaça. Lisboa: Instituto Piaget, 1994.

TOCCHETTO, D./ESPINDULA, A . (Coord.). *Criminalística: procedimentos e metodologias*. Porto Alegre: [s.n.], 2005.

VITZTHUM, W. Gentechnologie und Menschenwürde. *Medizinrecht* 3 (1985), p. 249 e ss.

WACHBROIT, R. Human genetic engineering. In: Reich (Ed.), *Encyclopedia of Bioethics*. 2ª ed. New York: Simon & Schuster Macmillan, 1995, p. 936 e ss.

WATSON, J. et.al. *Recombinant DNA*. 2ª ed. New York: W.H. Freemann and Co., 1992.

WINNACKER, E.; IBELGAUFTS, H. Molekulargenetik. In: Korff/Beck/Mikat (Hrsg.), *Lexikon der Bioethik*. Gütersloher: Gütersloher Verlaghaus, 1998, p. 22-27.

Impressão:
Evangraf
Rua Waldomiro Schapke, 77 - P. Alegre, RS
Fone: (51) 3336.2466 - Fax: (51) 3336.0422
E-mail: evangraf.adm@terra.com.br